中巴经济走廊亲历者

叙说走廊故事

经济日报出版社

图书在版编目（CIP）数据

中巴经济走廊亲历者叙说走廊故事 / 中经网传媒有限公司编著 . -- 北京 : 经济日报出版社 , 2023.1
ISBN 978-7-5196-1188-0

Ⅰ . ①中… Ⅱ . ①中… Ⅲ . ①国际合作－经济合作－研究－中国、巴基斯坦 Ⅳ . ① F125.535.3

中国版本图书馆 CIP 数据核字 (2022) 第 165959 号

编写组

陈　蕾　富　博　郭彩萍　韩　陆　廖一帆　刘其瑜　吴斯雅

熊韦盛　王　凯　王　苏　王晓彤　王子威　殷娅楠　赵小鹏

中巴经济走廊亲历者叙说走廊故事

责任编辑	王　婧
助理编辑	张　琦
责任校对	张　政
出版发行	经济日报出版社
地　　址	北京市西城区白纸坊东街2号 A座综合楼710（邮政编码:100054）
电　　话	010-63567684（总编室）
	010-63584556（财经编辑部）
	010-63567687（企业与企业家史编辑部）
	010-63567683（经济与管理学术编辑部）
	010-63538621 63567692（发行部）
网　　址	www.edpbook.com.cn
E - mail	edpbook@126.com
经　　销	全国新华书店
印　　刷	天津图文方嘉印刷有限公司
开　　本	710mm×1000mm　1/16
印　　张	16
字　　数	232千字
版　　次	2023年1月第1版
印　　次	2023年1月第1次印刷
书　　号	ISBN 978-7-5196-1188-0
定　　价	68.00元

序一

热烈祝贺《中巴经济走廊亲历者叙说走廊故事》一书付梓。

习近平主席指出，“中巴两国是患难与共的真朋友、同甘共苦的好兄弟。”近年来，中巴两国的友谊经受住百年变局和世纪疫情的双重考验。作为“一带一路”的重要先行先试项目，中巴经济走廊逆势前行扎实进取，步入高质量发展的新阶段。中巴两国建设者在巴基斯坦这片热土上洒下了汗水，收获了友谊，创造了奇迹。本书收录了亲历走廊发展建设的主人公们所讲述的故事，为诠释中巴铁杆情谊提供了特殊的历史视角。

本书开篇刊载中巴两国领导人高屋建瓴擘画合作蓝图，之后娓娓道来中巴经济走廊建设者的点滴故事，既有瓜达尔港巴籍员工见证港口货物吞吐量快速增长的骄傲，也有中国工程师于灾害频发区修筑喀喇昆仑公路二期（赫韦利扬至塔科特段）的智慧；既有默拉直流输电工程近千名中方建设者疫情下的坚守，还有塔尔煤田以一带八传授焊修技术的师徒情深；既有巴博士引入中国玉米大豆间作技术的喜悦，更有开普省官员对拉沙卡伊经济特区的殷切期待……由点连线、自线成面，铺就一幅中巴经济走廊建设的生动画图，将两国建设者的友谊、敬业、奉献和奋斗跃然纸上，细细读来，感人至深，为讲好中巴两国友好故事提供了有益范本。

“志之所趋，无远弗届，穷山距海，不能限也。”中巴两国70年风雨同舟，70年砥砺前行，塑造了不同社会制度、不同历史文化的国家间关系的杰出典范。我深信，《中巴经济走廊亲历者叙说走廊故事》一书的出版，必将推动更多各界人士，投身于中巴经济走廊建设，致力于发展深化中巴友谊，在新的历史起点上，去谱写另一个70年的光辉历程，推动共建“一带一路”高质量发展不断取得新成效。

农融

中国驻巴基斯坦大使

序二

我很高兴为《中巴经济走廊亲历者叙说走廊故事》写序。该书汇编了富有洞察力的新闻报道和专家学者的真知灼见，涉及巴中友谊的诸多方面及其对两国实现共同增长和繁荣发展的突出意义。

我想向为本书出版作出贡献的所有人表示最衷心的祝贺。鉴于中巴经济走廊的重要性日益突显，应该对其进行深入全面的研究和分析。本书的作者们为此做出了宝贵补充。

巴基斯坦和中国是铁杆兄弟、值得信赖的朋友和全天候战略合作伙伴。在过去的七十多年里，双边关系具有特殊意义，在现代国际关系史上尚无先例。巴中关系的深度和广度已经超越了双边关系的传统范畴，成为两国外交政策的基石和地区和平稳定的要素。

中巴经济走廊标志着巴中关系进入聚焦经济合作和区域互联互通的新阶段。正如书中所生动描述的那样，现代巴基斯坦正站在新时代的起点。为充分释放巴基斯坦在地缘经济中的潜力，巴基斯坦政府推出了吸引外国投资的激励措施，启动了财政政策和货币政策改革，以营造良好的营商环境。

展望未来，在中巴经济走廊框架下，正在建设的工业园区和经济特区代表了巴基斯坦未来经济发展的重心。巴基斯坦正以其庞大且持续增长的市场规模、工业发展优先战略，成为中国和其它各国投资者的理想投资目的地，各种合作机会也日益涌现。

在塑造国际关系方面，外交无疑起着主导作用。它是构建以共同利益为基础的双边关系及促进国际关系积极发展的力量倍增器。

但是，仅凭外交无法完成如此艰巨的任务！

在当今世界，国际关系日益错综复杂，学术和研究工作具有重要意义。智库、学界人士和记者的作用永远不能被低估，他们忠实地记录双边关系，探索国际合作新领域，解读政治、经济和文化之间的复杂关系。

在仔细阅读这本书之后，我非常高兴地注意到，《中巴经济走廊亲历者叙说走廊故事》已经满足了上述所有期望。它完美地抓住了巴中友谊的精髓，突出了经济合作新领域，也凸显了我们的友谊在不断变化的地缘政治环境中的重要性。

我相信，这本书将为更多类似努力提供灵感，并成为我们所有人的指引。巴基斯坦和中国期待双方专家和研究人员为这项崇高事业做出更多贡献。

莫因·哈克

巴基斯坦驻华大使

目录

01

第一章

命运共同体

02 第二章 高质量共建

03 第三章 迈向新阶段

01

第一章

命运共同体

利益相融 命运与共

中巴两国以中巴经济走廊为中心的合作徐徐展开

截至 **2021 年 9 月**，为巴带去

254 亿美元直接投资、**7.5 万**个就业岗位……

中巴命运共同体内涵日益充实

2015年4月21日，国家主席习近平在巴基斯坦议会发表题为《构建中巴命运共同体 开辟合作共赢新征程》的重要演讲。 新华社记者 姚大伟摄

中巴友谊之树，习主席这样厚植

2015年4月20日至21日，国家主席习近平对巴基斯坦进行国事访问，并在巴基斯坦议会发表题为《构建中巴命运共同体 开辟合作共赢新征程》的重要演讲。

新华社记者　李学仁摄

巍峨峰峦，万里雄关。

喀喇昆仑山上，红其拉甫两侧，蜿蜒的中巴友谊公路将中国和巴基斯坦的命运紧紧连在一起。两国人民破崇山峻岭之阻，用汗水和鲜血浇筑起这条记录着中巴肝胆相照、休戚与共情谊的公路，铸就一座全天候友谊和全方位合作的丰碑。

2015年4月，中国国家主席习近平乘坐的专机进入巴基斯坦领空时，巴基斯坦8架“枭龙”战机起飞全程护航。习近平主席的这次国事访问，巩固中巴传统友好，深化务实合作，推动两国关系迈上新台阶，是一次充实中巴命运共同体内涵的历史性访问。

六年来，在两国元首引领下，中巴关系保持稳步深入推进的良好势头，以中巴经济走廊为主要内容的务实合作结出累累硕果，构建新时代更紧密的中巴命运共同体理念深入人心。

患难与共，诠释全天候友谊

2015年4月，在对巴基斯坦进行国事访问前夕，习近平主席在巴基斯坦媒体上发表的署名文章中这样写道——

> 在巴基斯坦，有这样一句乌尔都语诗歌：“朋友的美好形象，就在我心的明镜之中，稍一低头，就能看见。”在我心目中，巴基斯坦就是这样一位好朋友。
>
> ——习近平

访问期间，两国领导人一致同意将中巴战略合作伙伴关系提升为全天候战略合作伙伴关系，寓意着中巴将风雨无阻、永远同行。这一定位是两国全天候友谊和全方位合作的鲜明写照，在中国对外关系定位中独树一帜，凸显中巴友好关系的特殊性、长期性、坚定性。

中巴特殊友谊深深植根于两国人民心中。在新中国突破外部封锁、恢复在联合国合法席位、实现中美关系正常化等关键时刻，巴基斯坦总是给予宝贵支持；2008年中国四川汶川发生特大地震，巴基斯坦第一时间向中国提供全部战略储备帐篷。2010年巴基斯坦遭受特大洪灾，中国是第一个向巴方伸出援手的国家；2015年也门局势紧张，中国海军舰船协助176名巴基斯坦侨民从也门安全撤离……

2020年，中国发生新冠肺炎疫情之初，巴基斯坦总统阿尔维第一时间向习近平主席致函慰问，巴参议院和国民议会先后通过决议，坚定支持中方抗疫，巴政府和社会各界倾己所有，集全国之力向中方提供口罩等防疫物资。在中国政府和人民为抗击疫情努力奋斗的特殊时刻，阿尔维总统专程访华，表达对中国的坚定支持，立场鲜明地反对利用疫情污名化中国，再次彰显越是在困难时刻，就越显示出中巴两国友谊和团结。

在巴基斯坦疫情蔓延后，中国向“铁杆兄弟”派出医疗专家组，援助多批防疫物资。在中国新冠疫苗研发成功后，巴基斯坦成为中国政府对外援助新冠疫苗的第一个受援国，巴基斯坦军队也是第一个接受中国军队新冠疫苗援助的外国军队。“双料第一”续写着两国深情厚谊。

大疫无情，中巴有爱。两国守望相助、患难与共、并肩抗疫，“铁杆”情谊愈加牢固而深厚，为两国全天候战略合作伙伴关系注入强大动力。

硕果累累，走廊建设迎新篇

> 我们要把两国发展战略更紧密结合起来，共圆人民梦想……我们要把两国经贸战略更紧密对接起来，深化经济融合。
>
> ——习近平

六年来，习近平主席的倡议在两国得到全面落实，惠及两国人民。

习近平主席倡议两国弘义融利，聚焦共同发展，中巴签署逾50项合作协议，确定了以中巴经济走廊建设为中心，瓜达尔港、能源、基础设施建设、产业合作为四大重点的“1+4”合作布局，中方用实际行动支持巴基斯坦发展经济、改善民生，展现了对“巴铁”的深情厚谊。

如今，走廊项目已在巴基斯坦遍地开花。从开通固定班轮到开展阿富汗转口贸易、中国远洋渔业货物中转业务，再到瓜达尔新国际机场等配套项目顺利推进，被称为“巴基斯坦未来的迪拜”的瓜达尔港正朝着加强地区互联互通、实现地区共同发展的目标稳步迈进。

以萨希瓦尔、卡西姆港和胡布三座超临界燃煤电站为代表的走廊能源项目，让当地每天停电12小时以上的日子成为历史。在建的卡洛特、苏吉吉纳里等水电项目投产后还将优化巴能源结构，将为巴工业发展提供源源动力。

喀喇昆仑公路二期项目将中巴友谊公路向南延伸，融入巴南北交通干线；白沙瓦—卡拉奇高速公路苏库尔至木尔坦段进一步打通巴南北交通大动脉，成为沿线居民眼中名副其实的“致富路”；轨道交通橙线项目穿行在古老的“花园之都”拉合尔城中，巴基斯坦正式进入“地铁时代”。

中国驻巴基斯坦大使农融说，走廊合作启动后，中国连续7年成为巴最大贸易伙伴，连续8年成为巴最大投资来源国。截至目前，在双方确定的70个走廊早期收获项目中，已有46个项目启动或完成，为巴创造7.5万个就业岗位。

目前，走廊建设进入高质量发展新阶段，正促进巴基斯坦工业化进程和经济社会发展。阿尔维总统说，习近平主席2015年对巴进行的国事访问至关重要，当年绘制的发展蓝图正一步一个脚印地变为惠及巴人民的现实成果。

心心相印，共铸命运共同体

习近平主席在署名文章中对中巴人文交流提出这样的殷切希望——

> 我们要把两国人文交流更紧密联通起来，推动文明对话。两国应该把良好政治关系转化为人文交流的动力，打造不同文明交流互鉴、友好合作的样板……让中巴友好扎根基层，让两国人民的心灵更加贴近。
>
> ——习近平

2015年中巴友好交流年和2019年中巴友好城市年等系列文化交流活动不断掀起两国友好交往的高潮。越来越多的巴基斯坦学生选择赴华深造，“中文热”在巴国内不断升温。

巴基斯坦国立现代语言大学中文系讲师穆罕默德·哈什米说，巴中友谊正由年青一代传承，不断加深，能够熟练使用中文的巴基斯坦人越来越多。

只有心心相印，世代友好，两国人民才能心往一块想，劲往一处使，克服艰难险阻，持续深化中巴全天候友谊和全方位合作，让中巴全天候战略合作伙伴关系领域更宽广、层次更丰富、内涵更充实，构建中巴命运共同体。

中巴命运共同体着眼加强战略协调，深化务实合作，携手共谋发展，为中国同周边国家构建命运共同体提供了典范，为地区和世界提供了建设和谐稳定周边环境的现实方案。

2021年是中巴建交70周年。70载风雨同舟，70载历久弥坚，中巴关系站在新的起点上。展望未来，中巴全天候友谊必将更加深化和牢固。

新华社电（2021年4月19日）

习近平：携手构建新时代更加紧密的中巴命运共同体

2021年5月21日，国家主席习近平同巴基斯坦总统阿尔维就中巴建交70周年互致贺电。

习近平在贺电中指出，中国和巴基斯坦是全天候战略合作伙伴，在涉及彼此核心利益和重大关切问题上相互坚定支持。两国互信和友谊历经70年国际风云变幻考验，始终坚如磐石。近年来，在双方共同努力下，中巴经济走廊建设取得显著成效，给两国人民带来重要福祉，为地区繁荣增添强劲动力。新冠肺炎疫情面前，中国和巴基斯坦患难与共、真诚互助，两国“铁杆”情谊得到进一步升华。

习近平强调，我高度重视中巴关系发展，愿同你一道努力，深化两国战略沟通和务实合作，推动中巴经济走廊高质量运行，携手构建新时代更加紧密的中巴命运共同体，造福两国和两国人民。祝中巴友谊万古长青。

阿尔维在贺电中表示，70年来，巴中两国始终团结一致，相互信任，相互尊重，相互支持，同甘共苦。在习近平主席的坚强领导下，巴中关系比以往任何时候都更加强大、牢固和生机勃勃。巴方非常感谢中方为巴抗击新冠肺炎疫情提供的宝贵支持，愿同中方密切协调办好庆祝建交70周年庆祝活动，增进两国人民对巴中关系深度、广度和生命力的理解，努力将中巴经济走廊建设成为“一带一路”高质量发展的示范工程，打造新时代更加紧密的巴中命运共同体。

同日，国务院总理李克强同巴基斯坦总理伊姆兰互致贺电。李克强在贺电中说，中方始终将巴基斯坦置于外交政策的优先方向，愿同巴方共同努力，推动中巴全天候战略合作伙伴关系在下一个70年里迈上更高水平。

伊姆兰在贺电中说，巴基斯坦政府坚定致力于加快推进中巴经济走廊建设，愿同中方共同努力推动巴中全天候战略合作伙伴关系不断深入发展，为两国人民创造更加美好的未来。

人民日报（2021年5月22日）

习近平：推进中巴经济走廊建设向深入发展

国家主席习近平2月6日上午在人民大会堂会见来华出席北京2022年冬奥会开幕式的巴基斯坦总理伊姆兰·汗。

习近平指出，刚刚过去的2021年对中巴关系意义非凡。两国庆祝建交70周年，回顾历史、总结经验，以更坚定的信心开创中巴关系未来。中方愿同巴方一道，加快构建新时代更加紧密的中巴命运共同体，为两国人民创造福祉，为地区合作提供动力，为世界和平贡献力量。

习近平强调，世界进入动荡变革期，中巴关系战略意义更加突出。中巴两国要弘扬互信互助、携手合作的传统，开展更加广泛深入的战略合作。中方坚定支持巴方捍卫国家独立、主权、尊严，打击恐怖主义，愿同巴方对接发展战略，推进中巴经济走廊建设向深入发展，确保重大项目顺利实施，拓展科技、农业、社会民生等领域合作，建设绿色、健康、数字走廊，支持巴方推进工业化进程，以提升可持续发展能力。中方在国际事务中主持公道正义，不惹事，也不怕事。我们有能力、有信心维护好自身的主权、安全、发展利益。中方愿同巴方加强在联合国等多边场合的协调配合，发出更多正义之声，维护世界和地区和平稳定。双方应该积极推动落实全球发展倡议，构建人类命运共同体。

伊姆兰·汗祝贺中方成功举行叹为观止的北京冬奥会开幕式，感谢中方为巴基斯坦抗击新冠肺炎疫情提供宝贵帮助，中方提供的疫苗不仅拯救了巴人民，也拯救了巴经济。当前国际政治经济形势发生深刻复杂变化，但任何势力都无法阻挡中国前进的步伐，中国发展壮大势不可挡。中国消除了绝对贫困，这是人类社会所能期盼的最伟大成就，中国治国理政经验也最值得各国学习借鉴。巴中是全天候朋友，任何时候巴方都将同中方坚定站在一起。巴方愿积极推进中巴经济走廊第二阶段建设，同中方加强工业、农业、信息技术等领域合作，助力巴提高经济发展水平。巴方愿就阿富汗等地区问题同中方加强沟通协作，维护地区安全稳定。

丁薛祥、杨洁篪、王毅、何立峰等参加会见。

人民日报（2022年2月7日）

李克强向巴基斯坦新任总理夏巴兹致贺电

2022年4月11日，夏巴兹·谢里夫（右）在伊斯兰堡宣誓就任巴基斯坦新一任总理。（新华社发）

4月13日，国务院总理李克强致电夏巴兹·谢里夫，祝贺他当选巴基斯坦总理。

李克强在贺电中表示，中国和巴基斯坦是独一无二的全天候战略合作伙伴，两国关系和友谊历经风云变幻，始终坚如磐石，牢不可破。面对国际和地区形势的深刻复杂变化，新冠疫情的持续肆虐，中巴两国守望相助，共克时艰，“铁杆”情谊不断升华。我期待同夏巴兹总理一道努力，发扬传统友好，巩固政治互信，高质量建设中巴经济走廊，深化拓展两国全方位务实合作，加快构建新时代更加紧密的中巴命运共同体。不仅为两国人民造福，也有利于地区和世界的稳定和发展。相信巴基斯坦将在促进国家稳定、发展、进步的事业中取得新的成就。

新华社电（2022年4月13日）

阿里夫·阿尔维：巴中友好合作大有可为

2021年2月10日，在巴基斯坦伊斯兰堡，巴基斯坦总统阿里夫·阿尔维在总统府接受中国媒体联合采访。 新华社 蒋 超摄

“巴中交往独具特色，巴基斯坦人民习惯用‘比山高、比海深、比蜜甜’来形容巴中全天候友谊，这样的描述恰如其分。”在中国和巴基斯坦建交70周年之际，巴基斯坦总统阿里夫·阿尔维在接受本报记者采访时表示，巴基斯坦与中国真诚相交，两国合作不附带条件，是真正的好朋友、好兄弟。巴中关系自建交以来不断发展深化，已经成为国与国交往的典范。

巴基斯坦是最早承认新中国的国家之一。1951年5月21日，中巴正式建交。70年来，两国互信和友谊历经国际风云变幻考验，始终坚如磐石，已发展成为全天候战略合作伙伴。阿尔维说，回顾过去70年的交往，巴中两国共同书写了许多动人篇章：在新中国打破外部封锁、恢复联合国合法席位时，巴基斯坦尽最大努力支持；在抗击新冠肺炎疫情时，中国政府派出医疗专家组对巴方进行疫情防控指导，中方第一时间向巴基斯坦提供疫苗援助……“越是在困难时刻，就越显示出巴中友谊和团结。”

2020年7月28日，巴基斯坦喀喇昆仑公路二期项目曼塞赫拉至塔科特二级公路段

中巴携手共建“一带一路”硕果累累，构建新时代更紧密的中巴命运共同体理念深入人心。阿尔维表示，共建“一带一路”，有助于推动各方经济沟通、技术互补、思想交流，对促进世界发展具有深远影响。巴中“一带一路”合作极其广阔，不附带任何政治条件，是真正的经济交流合作。它极大改善了巴基斯坦的能源短缺问题，提高了人民生活水平，教育、产业、就业各领域发展也不断加快。

中巴经济走廊是共建“一带一路”的标志性项目，于2013年启动建设。2015

年，中巴两国政府确定了以中巴经济走廊为中心，以瓜达尔港、能源、交通基础设施、产业合作为重点的“1+4”合作布局。阿尔维说，中巴经济走廊是一个富有远见的项目，目前正聚焦特别经济区建设，吸引中国和其他国家企业来此投资兴业，这将有利于推动巴工业化进程，创造更多就业机会。此外，瓜达尔港能够为中亚国家提供理想的出海通道，有利于深化地区互联互通。“中巴经济走廊建设对于巴基斯坦有着极其重要的意义。”

“巴中友好合作大有可为。”阿尔维表示，巴方大力鼓励双边投资，愿为中方投资创造良好的营商环境。同时，巴基斯坦还将积极推动在双边贸易中使用人民币结算，深化双方在金融领域的互信合作。

阿尔维表示，巴中人文交流密切。近期，巴基斯坦国家遗产和文化署与中国

中巴经济走廊政党共商机制第一次会议，巴基斯坦参议员、巴参议院外交委员会主席穆沙希德·侯赛因（一排右三）参加。

国家文物局签署《关于协同开展“亚洲文化遗产保护行动”的联合声明》，将在联合考古、文化遗产保护修复等领域开展务实合作。“两国‘铁杆’情谊不仅存在于政府间，两国人民也视彼此为亲密朋友。”

阿尔维祝贺中国共产党成立100周年。他说，中国共产党领导中国人民取得了巨大的发展成就，尤其是完成了消除绝对贫困的艰巨任务。“让数亿民众摆脱贫困，十分了不起。巴基斯坦正在学习中国的脱贫经验，从教育、医疗、就业、社会福利等多方面入手，希望让越来越多的巴基斯坦民众摆脱贫困。”

“当前国际局势动荡不安，解决问题的真正方法不是武力，而是联通。”阿尔维认为，人们在经济上合作越多，彼此之间的交流和拥抱就越多，发生冲突的机会也就越少。只关心自身，全然不顾世界上其他国家利益的做法是不可取的。巴中两国在国际事务上观点相似，在涉及彼此核心利益问题上始终相互支持。“当一些西方人士习惯于从利益角度看待问题时，巴中两国用实际行动表明，要重视民生福祉，要促进地区和世界的和平与发展。”阿尔维表示，巴中关系已站在新起点上，巴中在双边以及国际事务上将拥有更加广阔的合作前景。

人民日报（2021年5月23日）

夏巴兹·谢里夫：期待巴中友谊与合作更上一层楼

“我期待巴基斯坦与中国的友谊与合作更上一层楼。”巴基斯坦总理夏巴兹·谢里夫日前在位于首都伊斯兰堡的总理府接受中国媒体联合采访时说。

夏巴兹表示，巴中两国拥有“铁杆”情谊，无论国际局势如何变换，两国始终坚定相互支持，人民交流取得新的进展，巴基斯坦人民从巴中合作中受益颇深。

夏巴兹说，“一带一路”倡议为巴基斯坦经济社会发展带来巨大帮助。他指出，中巴经济走廊是“一带一路”框架下重要的先行先试项目，巴方期待继续同中方保持紧密合作，以更快速度推动中巴经济走廊高质量发展。

夏巴兹表示，中巴经济走廊第一阶段建设满足了巴基斯坦的能源需求，巴方期待与中方进一步加强产业园区合作，吸引中国先进技术和投资，推动巴基斯坦工业化发展，提升巴产业竞争力和就业水平，实现合作双赢。

夏巴兹高度评价习近平主席提出的全球发展倡议和全球安全倡议。他认为，全球发展倡议提供了重要机遇，将有助于实现各国繁荣发展。他说，没有安全就没有发展，全球安全倡议将同全球发展倡议产生协同效应。巴方非常支持这两项倡议，期待未来积极参与同两项倡议相关的会议。

夏巴兹表示，习近平主席意志坚定、视野开阔，是富有远见的领导人。他期待同习近平主席密切合作，希望继续从习近平主席的治国理政经验与理念中汲取营养。

夏巴兹说，中国共产党走过了百余年发展历程，领导中国发展成为全球第二大经济体，带领人民消除绝对贫困，这些举世瞩目的成就值得巴基斯坦学习。他指出，巴基斯坦还有不少人生活在贫困线以下，巴基斯坦渴望像中国一样解决绝对贫困问题，帮助人民提高生活水平。

夏巴兹高度肯定中国为应对新冠疫情采取的“动态清零”防疫政策。他表示，这一政策体现了人民至上、生命至上的崇高理念。中国还在巴基斯坦遭受疫情冲击时向巴提供疫苗等防疫物资，并派遣专家协助抗疫，为巴提供了巨大支持。

夏巴兹再次对卡拉奇恐怖袭击事件造成中方人员遇难表示深切哀悼。他表示，巴方珍视在巴中方人员生命安全，将中方人员视作自己的同胞。他本人已召开多次会议商讨和制定保护在巴中方人员的计划方案，巴方将动用一切资源确保任何企图破坏巴中友谊的阴谋不会得逞。

新华社电（2022年6月21日）

宁吉喆：务实推动中巴经济走廊高质量运行 携手构建新时代更加紧密的中巴命运共同体

宁吉喆　　新华社　王　鹏摄

2021年5月21日，中国国家主席习近平同巴基斯坦总统阿尔维就中巴建交70周年互致贺电。两国元首深刻总结了历经70年国际风云变幻考验而始终坚如磐石的两国互信和友谊，充分肯定了中巴经济走廊建设取得的显著成效，进一步阐明了发展中巴两国全天候战略合作伙伴关系的重大意义。习近平主席指出，“深化两国战略沟通和务实合作，推动中巴经济走廊高质量运行。”这为新时代中巴经济走廊建设指明了前进方向，注入了发展动能，坚定了我们将中巴经济走廊建成“一带一路”高质量发展的示范工程、携手构建新时代更加紧密的中巴命运共同体的信心。

2018年1月19日，中巴考察队员在“实验3”号科考船上合影。应巴基斯坦国家海洋研究所邀请，中科院南海海洋研究所的“实验3”号科考船在巴基斯坦外海的莫克兰海沟海域执行中巴首次北印度洋联合考察任务，这是中国科考船首次抵达这一海域。 新华社 张建松摄

一、中巴两国互信和友谊坚如磐石

习近平主席在贺电中指出，“中国和巴基斯坦是全天候战略合作伙伴，在涉及彼此核心利益和重大关切问题上相互坚定支持。两国互信和友谊历经70年国际风云变幻考验，始终坚如磐石。”70年来，中巴始终团结一致，互相支持，肝胆相照，患难与共，中巴两国人民情谊深厚，历久弥坚。

回望历史，中巴友谊独一无二，牢不可破，坚如磐石。早在2000多年前，丝绸之路就在我们两个古老文明之间架起了友谊的桥梁。中国汉代使节张骞、东晋高僧法显、唐代高僧玄奘的足迹都曾经到过印度河。1951年5月21日，中巴正式建交。巴基斯坦是最早承认新中国的国家之一，也是首个同新中国建立外交关系

的伊斯兰国家。2015年4月21日，首次访巴的中国国家主席习近平在演讲中回顾了两国交往的历史：“建交以来，在两国历代领导人关心和培育下，在两国各界人士共同努力下，中巴建立了全天候友谊，开展了全方位合作。无论国际风云和两国国内局势如何变化，两国在涉及彼此核心利益问题上一贯相互理解、相互支持。这份情谊堪称独一无二。”70年来，中巴两国始终团结一致，相互信任，相互尊重，相互支持，同甘共苦，已发展成为全天候战略合作伙伴，两国政府和人民用行动诠释着“铁杆兄弟”的情谊。阿尔维在贺电中表示，“在习近平主席的坚强领导下，巴中关系比以往任何时候都更加强大、牢固和生机勃勃。”

立足当前，中巴经济走廊谱写新篇，“铁杆”情谊不断升华。作为共建“一带一路”的标志性项目，中巴经济走廊于2013年启动建设。6年前，习近平主席的倡议吹响了走廊大规模建设的集结号：“中巴经济走廊是中巴实现共同发展的重要抓手。我们要发挥走廊建设对两国务实合作的引领作用。”2015年，两国明确了以走廊建设为中心，以瓜达尔港、能源、基础设施建设、产业合作为重点的“1+4”合作布局。8年来，中巴经济走廊建设硕果累累，中国连续6年成为巴最大贸易伙伴，连续7年成为巴最大投资来源国，走廊累计为巴带来254亿美元直接投资，创造了7.5万个就业岗位。特别是面对突如其来的新冠肺炎疫情，中国和巴基斯坦患难与共、真诚互助，两国“铁杆”情谊得到进一步升华。

走向未来，中巴携手构建新时代更加紧密的命运共同体，必将造福两国和两国人民。中国和巴基斯坦的友谊是肝胆相照的信义之交，休戚与共的患难之交，堪称国与国友好相处的典范。巴基斯坦人民将中巴友谊比喻为“比山高，比海深，比蜜甜”。中国人民则亲切地称巴基斯坦人民为“好朋友、好邻居、好伙伴、好兄弟”。面对百年变局和世纪疫情交织叠加、世界进入动荡变革期的复杂环境，深化中巴关系是两国同舟共济、共同发展的历史抉择。习近平主席高瞻远瞩、因应时势，提出“携手构建新时代更加紧密的中巴命运共同体”的宏伟愿景。这将指引中巴两国朝着命运共同体的方向阔步迈进。

2019年瓜达尔港鸟瞰图

二、中巴经济走廊建设取得显著成效

习近平主席在贺电中指出，“在双方共同努力下，中巴经济走廊建设取得显著成效，给两国人民带来重要福祉，为地区繁荣增添强劲动力。”中巴经济走廊是共建“一带一路”先行先试项目。中巴双方坚持共商共建共享，两国迅速构建起“1+4”合作布局。面对新冠肺炎疫情的严重冲击，巴基斯坦一大批外资项目停工、撤资，中方承诺“不撤中方人员、不裁巴方员工、不停项目建设”，确保走廊项目正常运营，中巴经济走廊建设“逆势飘红”，赢得了“巴铁”民心，成为共建“一带一路”的标志性项目。

瓜达尔港共建取得重大进展。在瓜达尔港、瓜达尔新国际机场、中巴友谊医院、职业技术培训学校、东湾快速路等项目现场，两国工人们挥洒汗水，干劲十足。2017年中巴博爱医疗急救中心顺利建成，2018年每天向瓜达尔市民供应30万加仑淡化水，2019年法曲尔中学投入使用，2020年累计建成8万平方米绿地。目前，瓜达尔港已经具备全作业能力。瓜达尔自由区依法享有23年免税优惠，投资吸引力进一步提升，一批优质企业落户自由区。阿富汗转口贸易业务获批并有序开展。瓜达尔港正朝着物流枢纽和产业基地的目标稳步迈进。

能源工程见到明显成效。萨希瓦尔、卡西姆港等电厂克服疫情困难保持正常生产，发电量占巴基斯坦全国电力供应1/3，改变了巴电力短缺的状况，为稳定巴经济社会发展作出突出贡献。默蒂亚里—拉合尔高压直流输电项目建成投用。卡洛特、苏基克纳里等重大水电项目坚持施工，工程进度稳步推进。科哈拉、帕坦等水电项目成功签署购电协议。

基础设施发挥重要作用。“中巴友谊路”喀喇昆仑公路二期升级改造项目（赫韦利扬—塔科特段）竣工，2020年7月底全线通车，原本五个半小时的车程缩短至不到两个小时。巴基斯坦首条城市轨道交通拉合尔橙线项目竣工通车并实现商业运营。走廊最大交通基础设施项目白沙瓦—卡拉奇高速公路（苏库尔—木尔坦段）竣工并通车。“中巴传统友谊必然像喀喇昆仑公路一样越走越宽广。”三大交通项目“逆势竣工”赢得巴各界广泛好评。

产业合作有了新的突破。走廊标志性产业合作项目拉沙卡伊特别经济区举行

这是2021年4月10日在巴基斯坦东部旁遮普省首府拉合尔拍摄的中巴经济走廊默拉直流输电工程拉合尔换流站夜景。

启动仪式，基础设施建设、招商引资等工作稳步推进。伊克巴尔工业园的中资企业生产防护服等物资，有力支持巴方抗疫。中巴跨境光缆项目完工并交付运营。在走廊农业合作框架下，中方向巴方援助大量灭蝗物资，助巴有效控制蝗灾。

中巴经济走廊建设在疫情期间的出色表现，有力提振了巴恢复经济的信心，生动诠释了中巴全天候战略合作伙伴关系的内涵。中巴经济走廊成为“一带一路”重大项目成功统筹防疫与生产的标杆，向全世界展示了共建“一带一路”的强大生命力。

三、务实推动中巴经济走廊高质量运行

中巴经济走廊建设已经进入新的发展阶段。我们将认真落实两国元首的重要指示精神，以中巴建交70周年为契机，紧扣“1+4”合作布局，务实推动中巴经济走廊高质量运行，打造“一带一路”高质量发展的示范工程，携手构建新时代更加紧密的中巴命运共同体。

倾心建设健康走廊。战疫仍在进行，健康乃走廊之基。面对疫情，两国政府和人民互帮互助、共克时艰。中巴开展疫苗联合生产，在中国康希诺生物公司的帮助下，巴基斯坦国立卫生研究院成功在本土生产新冠疫苗。我们将坚持人民至上、生命至上，加大疫苗、防疫物资等援助，在传染病防控、公共卫生、传统医药等领域拓展合作，共同护佑人民生命安全和身体健康，加快建设更紧密的卫生合作伙伴关系。

积极打造产业走廊。产业合作是“1+4”合作布局的重中之重，也是增强巴“造血”功能的必由之路。巴基斯坦是2亿多人口大国，实现工业化至关重要。巴基斯坦正处于工业化初期，市场巨大，机遇难得。我们将鼓励和支持更多中方企业尤其是制造业企业，赴巴投资兴业、带动就业、出口创汇、创造税收，促进技术进步，加快建设中巴产业走廊。

加快畅通贸易走廊。贸易兴廊，持续繁荣。2020年1月1日，中巴自贸协定第二阶段议定书正式生效后，两国贸易自由化水平大幅提高。根据中国商务部的统

计，2020年中国自巴进口21.2亿美元，同比增长17.5%。我们将坚持贸易畅通，大力推动贸易和投资自由化便利化，不断降低贸易和投资成本，扩大巴国产品进口，加快实现国际贸易平衡，建设更紧密的贸易伙伴关系。

精心构建数字走廊。数字化是时代潮流。我们将抓住新一轮科技革命和产业变革的历史机遇，大力发展数字经济，加强数字技术领域的交流合作，加强新基建、移动支付、电商网络、智能电网、智能工厂、数字电视的建设，共同打造数字走廊，努力把走廊建设成为“数字丝绸之路”的样板。

推动形成绿色走廊。共同倡导“绿水青山就是金山银山”的理念，加强绿色基建、绿色能源、绿色金融、绿色农业、绿色森林等领域合作，促进绿色投资，共建国际低碳循环园区，让绿色切实成为共建中巴经济走廊的底色，加快建设更紧密的绿色发展伙伴关系，共同打造中巴低碳走廊。

国家发改委网站（2021年7月20日）

阿赫桑·伊克巴尔：中巴经济走廊建设成果将惠及巴基斯坦各省

巴基斯坦计划发展部长阿赫桑·伊克巴尔（Ahsan Iqbal）接受中国经济网专访。

“中巴经济走廊根据巴基斯坦各地的优势布局项目。各省将各展所长，发展壮大产业集群，惠及民众。”巴基斯坦计划发展部长阿赫桑·伊克巴尔在接受中国经济网独家专访时指出。

部长表示，走廊当前的规划布局会为巴带来更多投资，并为巴各省创造更多就业岗位。

以俾路支省为例。中巴经济走廊建设的龙头项目瓜达尔港坐落于此地。走廊建设除了发展港口基础设施外，还为当地人提供医疗、教育、技术教育和生活设施。伊克巴尔进一步表示："我们正在努力为瓜达尔人民提供清洁饮用水，并将为当地建设一座发电站。"

他说："中巴经济走廊将巴基斯坦与中国的'一带一路'倡议连接起来。得益于'一带一路'倡议和中巴经济走廊，巴基斯坦与全球供应链的连接更加紧密。"

当前，许多工作岗位正从中国转移到劳动力更廉价的国家。依托中巴经济走廊，巴基斯坦正是中国产业转移的优选之地。伊克巴尔希望，随着走廊建设走深走实，巴各省经济特区能进一步吸引外资，尤其是自中国转移出来的产业。"这将为巴基斯坦民众带来更多的就业机会，同时促进巴基斯坦产业升级。"

2019年12月1日，《中华人民共和国政府和巴基斯坦伊斯兰共和国政府关于修订〈自由贸易协定〉的议定书》正式生效。中巴两国间相互实施零关税产品的税目数比例将从此前的35%逐步增加到75%，货物贸易自由化水平将进一步提高。

中巴经济走廊大沃风电项目

伊克巴尔指出，《议定书》大大促进了两国之间的贸易往来。

然而，巴基斯坦商人和企业对中国市场的了解仍然缺乏。“传统上，巴基斯坦企业多与欧美国家做生意，他们对中国市场知之甚少。”伊克巴尔解释道。但现在，巴基斯坦政府正积极引导当地工商会，鼓励他们与中国同行进行更密切的合作。

中巴经济走廊囊括了经济、农业、工业、技术、服务、教育、卫生等各方面的长期合作。在伊克巴尔看来，依托于此，未来数年，中巴两国企业之间的合作将进一步深入。

“我们希望看到两国企业合作全面开花，中巴之间的联系更为密切。”伊克巴尔告诉记者。

但同时，“必须注意到有一部分势力在阻挠中巴经济走廊的推进，他们是走廊的敌人。”部长对2022年4月26日卡拉奇大学孔子学院班车遭遇恐怖袭击一事表示强烈谴责。他说，巴政府已对此制定策略，进一步加强中巴合作项目安保措施，确保所有在巴中国人员、机构和项目安全。

部长指出，不让类似的事件影响走廊进度，并加大走廊推进力度，是对这些势力的最有力反击。“这种懦弱的行径无法阻止中巴经济走廊前进的脚步。”

中国经济网记者　刘其瑜（2022年5月16日）

农融：中国和巴基斯坦致力于共建中巴经济走廊

中国驻巴基斯坦大使农融接受媒体采访。

2021年9月25日，驻巴基斯坦大使农融就中巴经济走廊联委会第十次会议成功举行接受巴媒体《每日时报》书面采访，在巴社会引发热烈反响。采访全文如下：

问题1：各界高度期待的中巴经济走廊联委会第十次会议终于成功举行了。请您介绍一下本次联委会的基本情况？

答：根据中巴两国领导人关于推进中巴经济走廊建设的有关共识，联合合作委员会（“联委会”）第十次会议于2021年9月23日以视频方式举行。会议由时任中国国家发展和改革委员会副主任宁吉喆先生和时任巴基斯坦计划发展部部长乌迈尔先生共同主持。双方回顾和总结了联委会第九次会议以来的合作，一致认为中巴经济走廊建设已实现重要早期收获目标，走廊建设进入充实、拓展新阶段，就深化产业、农业、民生、科技等领域合作达成重要共识，并签署了本次联委会会议纪要。本次联委会对走廊高质量发展起到重要的引领作用，双方将致力于已建成项目的顺利运营，扎实推进在建项目，并积极开展新的合作。

在本次联委会上成立了信息技术产业联合工作组，签署了两国政府间《关于在中巴经济走廊联委会增设信息技术产业联合工作组的谅解备忘录》，将有力促进中巴信息技术产业合作，为走廊高质量发展注入新动能。

本次联委会上，巴方各省负责人都参加了会议并做了发言，体现了支持中巴

2021年9月23日，中巴经济走廊联委会第十次会议成功举行。

经济走廊建设是全巴跨地区共识。

中巴双方将继续坚定推进走廊建设，确保在建项目及时完工，聚焦经济社会发展、创造就业和改善民生，进一步加强产业园区、基础设施、科学技术、医疗卫生、农业、人力资源培训等领域合作，不断释放中巴经济走廊的巨大潜力，将走廊打造成地区互联互通枢纽，综合构建健康走廊、产业走廊、贸易走廊、数字走廊、绿色走廊。

问题2：瓜达尔港是中巴经济走廊的龙头项目，本次中巴经济走廊联委会如何评价瓜达尔港合作？瓜达尔港目前进展情况如何？

答：瓜达尔港是中巴经济走廊龙头项目，被誉为走廊皇冠上的明珠。2013年以来，中巴双方团结协作，就港口运营、自由区开发、交通基础设施等开启了轰

2019年瓜达尔港夜景

轰烈烈的建设，在社会民生项目上取得了一系列成果，堪称创造了新时代的瓜达尔速度。本次联委会对瓜达尔港和自由区所取得的进展表示满意，就瓜港的下步建设作出了规划。目前瓜达尔港的发展形势非常喜人。港口日益繁忙，阿富汗转口贸易平稳运行，政府正积极考虑安排更多货物抵港，港口运营公司正与中国宁波港集团合作提升港口作业能力。自由区的起步区所有招商工作已经完成，超过40家企业投资注册，其中部分企业已完成厂房建设并开始试生产。中巴产品展览中心进展顺利。东湾快速路项目主体有望今年贯通，瓜达尔国际机场和职业技术学校等项目顺利推进，自由区北区基础设施建设、化肥厂、瓜达尔展销中心、瓜达尔动物疫苗厂、瓜达尔润滑油厂等5个项目已经开工，瓜达尔热带植物组培中心已经投用，这些都有助于发展瓜达尔临港工业和打造未来区域性贸易枢纽，让瓜港更好发挥对俾路支省、对巴基斯坦乃至对地区的经济辐射作用。在社会民生项目方面，中国生态环境部向巴方捐赠太阳能设备的谅解备忘录已经签署，中国政府在瓜达尔港援建的海水淡化厂的执行协议也已经签署，这些项目将有力促进瓜达尔社会民生事业发展。

问题3：联委会会议在其他各领域有什么值得重视的新进展？

答：中巴经济走廊在发展建设中内涵不断丰富，现在已设立了远景规划、瓜达尔港、能源、交通基建、产业、社会民生、农业、科技、安保合作、国际合作与协调共十个工作组，各领域都有令人欣喜的进展。例如能源方面，两国同意加强顶层设计，推进在能源规划、技能培训等方面的交流合作，制定巴石油天然气行业发展规划，加快科哈拉水电站、帕坦水电站、塔尔一区块煤电一体化等重点项目建设。巴方表示将致力于保持政策稳定和市场规范。农业方面，双方提出了包含八个方面的合作行动计划；科技方面，两国将继续执行科技创新行动计划，在共建联合实验室、科技园区合作、技术转移等方面不断迈进。联委会会议对于ML-1铁路升级改造项目、N50（D.I.汗—兹霍布）公路项目都作出了积极表述。相信今后会陆续收获更多成果丰富走廊建设。

问题4：中巴经济走廊已成功进入第二阶段。在这个阶段，中巴经济走廊这个投入巨大的倡议将为巴基斯坦普通民众、特别是欠发达的俾路支省带来什么发展繁荣的机遇？

答：中巴经济走廊是覆盖巴基斯坦全境、服务区域互联互通的“一带一路”标杆项目，其建设成果不仅惠及巴整体国家发展，也惠及各地方省份及当地民众，为巴实现从地缘政治向地缘经济转型提供了坚实基础。走廊当前正处于高质量发展的新阶段，下步将重点聚焦产业、民生、农业等领域合作。通过推进瓜达尔港自由区、拉沙卡伊等产业园区建设，深化产业合作，吸引外来投资，帮助巴加快工业化进程，提升巴出口创汇能力，并为当地民众创造更多就业机会。以瓜港自由区的起步区为例，其中的服装厂已经开始生产，大批女工进场工作。“瓜达尔妇女就业发展中心”也投入运营。已开工建设的自由区北区面积是起步区的36倍，各方投资意向十分踊跃，将给俾路支省带来非常可观的发展机遇和民生福利。农业方面，中国将和俾路支省等地区共同研究推进土壤改良，支持当地畜牧

巴基斯坦塔贝拉水电站四期扩建项目

业和渔业加工产业发展，帮助当地民众提高劳动生产效率，增加农民收入。我们还将用好走廊民生合作机制，通过开展灵活教育、农业、医疗、职业教育等项目，帮助巴民众改善生活质量。在矿业合作方面，中巴在俾路支省已有矿产合作项目，未来具备深化矿业合作潜能。

问题5：工业化是中巴经济走廊的支柱，在走廊项下已建立多个特别经济区。由于几十年的贫困，俾路支省和瓜达尔地区青年人严重缺乏教育和技能。这些不识字和缺乏技能的青年人如何从中巴经济走廊带来的工业化中受益？

答： 巴基斯坦是世界第六大人口大国，有丰富的人力资源和大量的年轻群体，是巴推进工业化的有利条件，当前需要重点解决的是如何将人口红利转化为人才红利。中巴经济走廊积极吸收当地劳动力就业，高峰期达到7.5万人，在项目建设中帮助巴方员工提升劳动技能，通过现场教学、组织培训等多种方式，手把手帮助当地员工提高职业技能，并安排推荐大量巴方青年赴华留学、培训，帮助巴培养了一批基建、能源领域人才，去年还评选了18名走廊项目优秀员工。下步，走廊建设将继续与巴人才培养同步推进，将与巴国家职业技术教育委员会加强合作（National Vocational and Technical Training Commission），利用走廊民生合作，向全巴多所职业教育培训中心提供教育设施。瓜达尔港正在建设一所职业技术培训学院，目前该项目已经封顶，项目建成后，将给地区青年提供更多技能培训和就业机会。中方援助巴基斯坦俾路支省的项目都有一定的培训名额，即便在疫情形势下也以网络培训形式为当地提供培训机会。

问题6：农业为巴基斯坦经济支柱，巴基斯坦大部分农村人口靠农业为生。中巴经济走廊将如何帮助巴农业领域向现代农业转型、以改变大量农村人口的生活？

答：农业和产业是巴当前最关心的领域，也是中巴合作最具开拓前景的领域。双方在农业领域合作进展很快，主要包括三方面，一是强化机制。去年，双方在中巴经济走廊联委会框架下设立农业工作组。工作组成立的第一项工作就是帮助巴抗击蝗灾，取得了显著成效。二是加快农产品输华进程，巴洋葱、土豆、樱桃和乳制品等输华农产品检验检疫程序加紧推进，今年即将签署洋葱输华议定书，新增9家巴大米出口企业注册登记，并稳步推进在巴设立口蹄疫无疫区建设。三是促进投资。今年，在中国驻巴使馆大力推动下，中巴成立了农业与产业合作信息平台，促进政产学研各界全方位交流合作。中国企业还计划在辣椒种植、水牛奶业开发、食品加工和农机具等多个领域对巴开展投资合作。

巴基斯坦洋葱

问题7：安全一直是对中巴经济走廊成功至关重要的问题。您如何看待巴基斯坦目前的安全环境，特别是走廊大部分穿过的开普省和俾路支省的安全环境？

答：根据中国40多年改革开放和发展经验，国家的发展离不开安全、稳定的环境。中方始终支持巴维护国家安全、打击恐怖活动努力，赞赏巴政府和军方为走廊建设提供良好的安全保障。7月14日发生的达苏恐袭事件和8月20日发生的瓜达尔东湾快速路恐袭事件造成中巴人员伤亡，中巴两国领导人和政府对此高度重视。我们强烈谴责恐怖主义行径，不会因此动摇中巴合作的决心。中巴都是恐怖袭击事件的受害者，应紧密合作，早日将凶手绳之以法，给两国人民一个交代，切实防止类似事件再次发生。中方期待与巴方一道，推进加强版全流程安保措施和升级版安保合作机制，确保在巴中国人员、项目和机构安全，以安全稳定的营商环境吸引更多中国及外国投资者来巴投资兴业。

问题8：由于面临复杂的国际环境，中巴经济走廊自启动以来，一直受到国际宣传的关注。您如何看待巴基斯坦媒体在对冲中巴两国的敌人策划的负面宣传中的作用？您建议采取哪些步骤有效对冲既得利益集团发起的宣传活动？

答：自启动以来，中巴经济走廊建设就受到了巴国内外媒体的广泛关注。在巴基斯坦面临发展挑战的重要关口，中巴经济走廊带来了投资，有46个项目完工或在建，帮助巴新增5200兆瓦电力、886千米国家核心输电网、510公里高速公路。这些都是实实在在的投入和付出。那些吝于花费金钱、人力、时间和感情参与巴基斯坦国家建设的国家，根本没有资格以零成本的方式对走廊指手画脚。当然，中国传统文化讲究的是多做少说，但对于那些对走廊的肆意攻击和造谣抹黑，我们坚决反对。相信巴基斯坦朋友不会被错误论调蒙蔽和误导，能够区分清楚谁在真帮忙、真投资、真建设，谁在一旁空着手挑拨离间。中巴经济走廊下设的国际合作协调工作组已成功推动多个国家举办了宣介走廊的相关活动，让越来越多的国际民众了解真实的走廊，重视潜在的合作机会。随着中巴经济走廊向高质量建设阶段发展，将为巴基斯坦带来更多机遇，更好促进巴经济健康可持续发展，一定会得到广大巴基斯坦民众和国际友人更坚定的支持。

中国驻巴基斯坦大使馆网站（2021年9月25日）

莫因·哈克：让中国人知道真正的“巴铁造”

巴基斯坦驻华大使莫因·哈克接受中国经济网专访。 张 鹏摄

“巴中之间有着非常特殊的纽带。这是两个朋友、两个伙伴、两个兄弟之间的关系，我们相互称呼铁兄弟。”2020年9月4日下午巴基斯坦新任驻华大使莫因·哈克接受专访，如此开场。

特殊的时间，特殊的方式，哈克开始他的中国任期。结束为期4年的巴基斯坦驻法大使历程，2020年7月30日夜哈克从巴黎飞抵北京，之后自我隔离14天。“被任命为巴基斯坦驻中国大使对我来说是一种荣幸。我将与我出色的团队一起为这个非常重要的合作伙伴关系作出贡献并使它迈入新的时代。”哈克在巴基斯坦驻华使馆会客厅对记者说。

赞赏中方倡议 疫苗将是公共产品

讲述履新首月的经历，哈克首先提到2020年8月下旬海南的第二次中巴外长战略对话。“这是2020年3月巴基斯坦总统访华后第一次面对面的会议，非常重要。库雷希外长在代表巴基斯坦感谢中国疫情期宝贵支持的同时，赞赏习主席的倡议，即一旦研制出疫苗，就将其视为公共产品。所有国家，特别是发展中国家都应该可以使用它。”哈克说。

2021年2月1日，中国政府捐赠巴基斯坦疫苗交接仪式在巴努尔·汗空军基地举行。

一号铁路将在CPEC第二阶段释放乘数效应

2020年8月上旬仍处隔离期的哈克连发两条有关中巴经济走廊项目的推文，分别是巴沙大坝和一号铁路干线。据巴媒报道，时任总理伊姆兰·汗曾在当年7月中旬的巴沙大坝开工仪式上表示，这是巴基斯坦人民40多年的梦想。

“巴中关系涵盖范围非常广泛、深远，涉及从国防到安全，从贸易到投资，文化、教育、科技、农业，旅游等所有领域。中巴经济走廊在其中非常重要，是‘一带一路’倡议的旗舰项目。我们的重点之一就是看到所有项目，包括早期收获阶段构建的项目在走廊第一阶段按时完成。第二阶段涉及的合作与我们现任政府的社会经济发展议程是同步的，也是我任期内要努力的非常重要的领域。”哈克说。

“正如你提到的，巴沙大坝是总理愿景的一部分——为我们的国家提供清洁和负担得起的能源。我们非常感谢中国公司带头建设这座大坝。”哈克告诉记者。

“一号铁路干线是CPEC最大的项目，对巴中两国都非常重要，也将为我们提供非常经济和高效的内陆旅行。我认为它在CPEC第二阶段将释放乘数效应。”

巴沙大坝效果图

请中国朋友充分利用巴基斯坦经济特区红利

中巴自贸协定第二阶段降税安排已于2020年1月1日起正式实施。对于记者提出的截至当年6月底巴基斯坦上一财年对华出口下降10.5%，但不乏贸易额增幅明显的品类，哈克指出："首先，我们很高兴中国在2020年第二季度实现3%以上的增长。尽管有疫情，我们还是在第一季度看到了双边贸易的增长。第二季度由于国际旅行中断，略有下降，我们希望能尽快恢复两国正常的贸易联系。升级版FTA非常重要，现在有300多种商品可以免税进入彼此国家，包括渔业、药品等，贸易商机会很多。希望在未来的几个月和几年中，我们的贸易比以前的数字有所增加。"

巴基斯坦近年来致力于建立产业集群以提高承接中国产业转移的能力，中国企业也一直对巴经济特区优惠政策的执行力度颇为关注。对此哈克表示："我们从中国发展经济特区的经验中学到很多东西，在CPEC路线上确定了整个巴基斯坦的9个经济特区，目前有3个处于较高的建设阶段。我也想借此机会邀请中国朋友和商人来充分利用巴基斯坦经济特区的红利。我们将很快提供所有的详细信息。"

在中国推广巴基斯坦制造

在充分表达农业现代化的紧迫性后，哈克介绍了巴基斯坦的工业和服务业。"像中国和其他许多国家一样，巴基斯坦的生活工作方式也受到新冠肺炎疫情影响，我们也有了新想法、新概念和新产品。我们开始制造自己的口罩、试剂盒，也制造了自己的呼吸机。这是我们正在谈论的健康走廊的一部分，我们支持中国提出的创建健康走廊的倡议。巴基斯坦制药业非常强大，我们的外科手术用品也是世界上最好的产品之一。除疫苗外，我们还可以生产其他药品、保健设备来促进合作。"

"我想提及的另一个领域是汽车工业，中国和巴基斯坦正在合作制造新品牌的汽车。"哈克继续说，"巴基斯坦的许多时尚产品在世界上受欢迎。我们的IT应用程序也很受欢迎，像NetSol在中国拥有可观的业务。巴基斯坦还是牛奶的第三或第四大生产国。我们正在为奶酪、黄油、酸奶等增值产品进行新的投资，希望中国投资者可以在这个领域进入巴基斯坦。”

巴基斯坦樱桃

巴基斯坦商人的学习曲线与经济外交

哈克推特账号显示，履新中国前曾在比利时、加拿大、法国、斯里兰卡、土耳其及美国任职。在回答记者提出的各类经济问题的同时，哈克分享了他对学习曲线和经济外交的看法，也首次讲到巴基斯坦民族的韧性。

“巴基斯坦企业慢慢地、稳健地达到了可以对其进行品牌化的阶段。我们的制药公司Martin Dow在法国建立了两家制造厂。在法国这样的国家，巴基斯坦必须进行国际推广，推广巴基斯坦的产品和品牌。我们也在学习，这是巴基斯坦商人的学习曲线。”

“中国与巴基斯坦的经济关系一直非常重要。就像现在的外交已经从传统外交变成了经济外交一样，我认为你们扮演着非常重要的角色。不仅可以生产新闻、信息，还可以使两国在文化和经济各领域联通起来。巴基斯坦还有美丽的风景、丰富的历史，我们也希望中国游客能亲眼看看巴基斯坦的美丽和多样性。”哈克对记者说。

中国经济网记者 孟令娟（2020年9月11日）

姚敬：中巴友谊永远在我心中

姚敬　　　　　　　　　　　　　　　　　　　　　　　　　　　张　鹏摄

“三次在巴常驻，吃了巴基斯坦11年的粮，喝了巴基斯坦11年的水，对于中巴关系、中巴友谊来说，我是一名实践者、参与者、见证者。”回忆起在巴基斯坦的岁月，中国驻巴基斯坦前大使、现任新疆维吾尔自治区人民政府外事办公室主任姚敬心生感触。

从20世纪90年代至今，他亲历了中巴关系快速发展的阶段，两国经贸往来逐步扩大，人员交往不断深化，共建“一带一路”深入推进，中巴经济走廊建设成效显著，新时代中巴命运共同体更加紧密。时值两国建交70周年之际，姚敬接受了中国经济网专访，翻开多年记忆，细数过往也展望未来，致力于中巴友好的初心依旧。

只要中国人遇到困难，巴基斯坦的老百姓就会帮忙

1994年，25岁的姚敬作为中国驻巴基斯坦使馆随员，搭乘国际航班从北京飞往伊斯兰堡，“那时候我刚刚参加外交工作，第一次出国常驻，我觉得印象特别深的是还没到巴基斯坦的时候，就能感受到巴基斯坦老百姓对中国的一种特殊的感情。”在飞机上，巴基斯坦航空公司乘务员一路介绍两国的风土人情，当机翼掠过昆仑山脉主峰乔戈里峰时，乘务员自豪地说：“这里就是K2！是中国和巴基斯坦的国境线！”首次驻巴之旅，姚敬留下了十分美好的印象：“他们对中国的名胜、中国的高山大川如数家珍，能深刻感受到巴基斯坦人对中国的了解、对中国的友好。”

在巴基斯坦的第一个5年，姚敬常和当地老百姓打交道。有一次，他乘车从伊斯兰堡去往巴基斯坦第二大城市拉合尔，途中车胎不幸爆了，行程被迫暂停。拉合尔的夏天特别炎热，白昼温度达到四五十度。初来乍到，不知道打什么电话才能找到拖车，也不会换轮胎，使馆人员无奈站在路边。“那时远处走来几个巴基斯坦老百姓，问了下情况，二话不说就帮我们把备胎给换上了。”姚敬说，“在巴基斯坦，只要中国人遇到困难，当地的老百姓就会上前帮忙，就好像是他们自己的事一样。”

灾难让两国的“铁杆”情谊熠熠生辉

2007年至2010年，姚敬第二次踏上驻巴之旅。这3年他作为中国驻巴基斯坦政务参赞，工作内容发生了变化，两国的关系也更上一层楼。

“2005年，巴基斯坦西北边境等地发生大地震，中国竭尽全力地帮助。我们是第一批向巴基斯坦援助物资的国家，所有的救济物资都通过专机从国内直接送到巴基斯坦。”据姚敬回忆，中国的诚意得到了巴基斯坦人民的肯定，2008年汶川地震时，巴基斯坦倾囊相助。为支援中国，巴基斯坦抽调国家储备资金，将该国全部战备库存的22260顶帐篷紧急运往灾区。

直至2017年到2020年，姚敬以中国驻巴基斯坦大使身份第三次驻巴期间，遭遇新冠肺炎疫情暴发。巴基斯坦第一时间作出反应，紧急从全国公立医院库存调集30万只医用口罩、800套医用防护服和6800副手套支援中国。对于巴基斯坦来说，这些物资已是当时全部库存，巴基斯坦总统阿里夫·阿尔维曾表示："用全国防疫物资支援中国，我们没想为自己留后路。"

患难与共、真诚互助，随着后来疫情在巴基斯坦蔓延，中国开启了对巴基斯坦的全面援助。"面对这么严峻的挑战，我觉得中巴关系更加得到了巴基斯坦人民的支持。"姚敬感叹，灾难让两国的"铁杆"情谊更加熠熠生辉。

巩固拓展 中巴经济发展真正惠及两国民生

从姚敬1994年首次驻巴到2020年底正式卸任驻巴特命全权大使，这20多年间，正值中巴经济经贸关系快速发展的时期。

"一带一路"倡议于2013年提出后，巴基斯坦积极响应。2015年，中巴关系由战略合作伙伴关系升级为全天候战略合作伙伴关系，以中巴经济走廊为引领，以瓜达尔港、能源、交通基础设施和产业合作为重点，两国形成"1+4"的经济合作布局。2015年4月20日，中巴经济走廊项目正式启动，成为两国开展务实合作打造"命运共同体"的关键内容。

此后，走廊逐步成为"一带一路"的先行试点区、示范区、创新区，特别是在新冠肺炎疫情影响之下，走廊建设克服影响逆势上扬取得一系列重大进展。

"2017年到2020年我觉得是一个巩固的阶段、拓展的阶段，一个让中巴经济发展真正惠及两国民生的阶段。"姚敬始终对走廊建设仍然保持着高度关注，"我相信现在巴方无论是从最高领导人到政府各个部门，对中巴经济走廊的支持、参与力度都有增无减。那是因为中巴经济走廊的设计和它实际发挥的作用，完全是出于巴基斯坦本身的经济需要，完全是出于巴基斯坦民生改善的需要。"

为了表彰姚敬在任期间为巴中关系发展所作贡献，巴基斯坦在姚敬离任时授予其最高文官勋章——"新月勋章"。

巴基斯坦可以从新疆的稳定和发展中受益

如今，已离开巴基斯坦半年的姚敬坐在新疆维吾尔自治区人民政府的办公室里，以另一种身份为中巴友谊贡献着力量。

为加快建设“一带一路”核心区，新疆维吾尔自治区党委和政府提出了一系列政策主张，把中巴经济走廊建设放在更加重要位置，并不断推动与巴基斯坦经贸往来向更广阔的空间发展。“新疆跟巴基斯坦是接壤的，无论是历史还是现在，无论是文化，还是经贸，联系都十分紧密。”姚敬说。

在建设中巴经济走廊过程中，几乎所有的人员、物资、设备都是通过新疆这个通道输送至巴基斯坦，不少大型企业直接将生产基地建在新疆，作为走廊的起点，新疆的重要地位十分突出。

“新疆要利用沿边的优势，在确保防疫的前提下，加快推动高质量发展。尤其疫情情况下，自治区政府从今年2月份开始全力保障货物通关。新疆的地缘优势还能为巴基斯坦与中亚建立贸易的桥梁。疆内公路已经非常发达，所以应该推动新疆今后成为巴基斯坦联通各国的一个纽带。”姚敬表示，“中亚的经济和发展互补性很强，中国给巴基斯坦提供这一条通道，为巴基斯坦拓展对外经贸联系，拓展对外关系提供了很好的一个平台。巴基斯坦可以从新疆的稳定和发展中受益，新疆通过中巴经贸合作、中巴经济走廊建设也能受益，所以这是一种双赢和互利的结果。”

从随员到大使，从伊斯兰堡到乌鲁木齐，姚敬的人生轨迹已与中巴关系的发展密不可分。在采访的最后，他动情地说道：“在我的人生中，中巴友谊永远有它应有的位置。今后无论从事什么工作，无论在什么岗位，我都将对中巴友好关系抱着特殊的感情。”

作者　郭志杰（2021年5月31日）

耿莹：有生之年，我想走遍父亲走过的路

国务院原副总理耿飚长女、中国华夏文化遗产基金会会长耿莹　张　鹏摄

在中国与巴基斯坦建交70周年之际，记者来到耿莹的办公室。这间办公室并不大，墙上挂满了照片，其中很多都与巴基斯坦有关。在错落的照片中间，一幅题字格外醒目，上面写着：

"莹儿：雄心壮志——父 耿飚"

耿飚，曾任国务院副总理，中央军委常委、秘书长，国务委员兼国防部长，却鲜有人提及他的另一个身份——中国前驻巴基斯坦大使。他一生为中巴友谊开天辟地，为今天的两国"铁杆情谊"延展根系。

而他的长女耿莹，也沿着父亲的足迹，一脉相承，至今仍为两国人民友好而不断奔波。父亲“雄心壮志”的殷殷嘱托，耿莹一直牢记着，她说：“我希望在我有生之年，能够把爸爸工作的地方都走一遍，为巴基斯坦的人们多做点什么。”

赴任巴基斯坦

在耿莹的童年记忆中，除了每年回来述职，孩子们很难见到时任欧洲三国大使的父亲。直到1956年，耿飚从瑞士回到北京，周恩来接见了他，做出“安定四邻”的指示，让耿飚和时任巴基斯坦大使韩念龙对调，赴巴履新。

耿莹回忆道：“父亲去了巴基斯坦之后比在欧洲任三国大使时还要忙，我们更见不着他了。”

耿飚在回忆录中写道：“……巴基斯坦是我国的近邻，历史上也有着友好关系。这次巴基斯坦伊斯兰共和国成立，正是增进中巴交往、加强两国友谊的大好时机。他（周恩来）要我到任后抓住时机，努力为进一步建立中巴两国的友好合作关系作出新的成绩。”于是，耿飚就开始在外交部认真阅读有关材料，希望能“提前赴任”，并在巴基斯坦成立和第一任总统就职的庆典中，为两国友谊开个好头。

1956年3月，耿飚如愿提前赴任。到任没有几天，国书递交仪式还没来得及举办，巴基斯坦伊斯坎德尔·米尔扎总督就破例接见了耿飚。当时，巴外交部官员对耿飚说，这是总督第一次接见尚未呈递国书的外国大使，是破例接待，说明总督对中国政府和贵大使的重视。

会面中，耿飚发现这位总督对军队中的事情十分感兴趣，于是他给总督讲了自己在红军长征中的故事，遵义会议、三渡赤水、过雪山草地……中巴两位将军聊得十分投机。

3月23日，巴基斯坦伊斯兰共和国正式成立了。耿飚陪同贺龙副总理共同参加了巴开国大典，米尔扎总督成为了巴基斯坦首任总统，耿飚也成为了巴基斯坦开国后的第一位中国大使。

1956年12月，应巴基斯坦总理苏拉瓦底的邀请，周恩来总理在贺龙副总理陪同下，对巴基斯坦进行了友好访问。在此期间，周总理访问了巴基斯坦当时的首都卡拉奇，以及海德拉巴、白沙瓦、拉合尔和当时东巴基斯坦首府达卡。每到一处，周总理都受到巴政府和各界民众热烈欢迎。这是周总理首次访巴，奠定了中巴两国友好的基石。时任驻巴基斯坦大使耿飚同志全程陪同。照片为周恩来总理出席驻巴基斯坦使馆晚宴，第二排左起第三位（周总理斜后方）为耿飚同志。（中国华夏文化遗产基金会）

喀喇昆仑

同年九月，耿飚回国述职，毛泽东指示他要“打开西大门，使中巴友谊长存”。

50年代，西方国家针对新中国建立了“新月形包围圈”。耿飚在回忆录中回忆，为了突破封锁，当时毛泽东在谈话中问他，作为时任驻巴基斯坦大使是否能把这扇西门推开，并指示他要不断加强中巴两国人民之间和两国政府之间的友谊和合作。

从那时起，17岁的耿莹开始知道有一座山叫喀喇昆仑，有一个山口叫红其拉甫。而她的父亲要在那里修建起一条公路。

“这个路对我们国家意义重大。当时爸爸就经常跟我们讲，这是我们国家非常重要的一条出海之路，这不仅是战略意义上的，更是经济上的、文化上的、民心上的。有了这条路，中巴两国在方方面面都会非常通畅，也能建立起更好的周边关系。”耿莹说。

为了修建这条公路，耿飚四处调研筹划，甚至亲自走到常年冰封的界碑。准备工作旷日持久，直到耿飚离任后的第八年，喀喇昆仑才开始正式施工。当他再次回到这里时，已是1978年6月的通车仪式了。耿莹回忆：“当时他已经是副总理了。巴基斯坦特地请他去剪彩，这对他来说是莫大的安慰。那年回去的时候，他的头发已经全白了。”

1978年6月18日，由中国援助的喀喇昆仑公路盛大竣工典礼在巴基斯坦塔科特隆重举行，中国国务院副总理耿飚在巴基斯坦齐亚·哈克将军陪同下为喀喇昆仑公路建成和全线通车剪彩。（中国华夏文化遗产基金会）

对于这段回忆，耿飚在自传中写道：“在阵阵掌声和欢呼声中，中巴两国的汽车互相通过红其拉甫山口，这标志着高入云霄的喀喇昆仑山已被中巴人民的团结合作所征服。而随着这道横隔在中巴两国间的天然屏障被超越、被克服，中国和巴基斯坦之间的友谊，便也达到了一个新的高度。”

女儿的路

不仅是对耿飚，喀喇昆仑公路的修建对耿莹的意义也十分重大。

她说：“父亲为巴基斯坦和中巴友谊做的事情太多了。我每次想到他一步一步走到界碑，就觉得不管怎么样，我也要让这条路发挥它更大的作用。我想把喀喇昆仑晕染成一条生命之路、友谊之路、兄弟之路。”

2007年，耿莹创立中国华夏文化遗产基金会。对于建立基金会的初衷，耿莹如是说：“巴基斯坦对我们情意深重，我们也要尽力帮助他们。”

于是，耿莹开始多次调研考察，最终决定为巴基斯坦培训肝移植方面的医生。

在巴基斯坦驻华使馆的配合下，她联系到天津的一家医院。经过统筹协调，巴基斯坦医生们于2014年来华进行为期一个月的学习，其进修资金和衣食住行，全部由基金会承担。

由耿莹牵头的中巴肝移植中心项目，至今仍在继续。现在，由北京友谊医院肝移植中心主任朱志军教授带领的团队，持续无偿为巴基斯坦病人进行肝移植手术，并培训当地医生。

此外，耿莹和基金会还给巴基斯坦大使馆的孩子们建了学校，教巴基斯坦妇女做服装设计，组织中国画家和非遗传人去巴基斯坦介绍中国文化，准备为巴基斯坦贫困儿童提供免费白内障手术……

面对巴基斯坦人们的感谢，耿莹说：“帮助是相互的，两个好兄弟当年都一穷二白，一路走来不容易。现在我们强了，能帮巴基斯坦就多帮一些。”

同样的话，耿飚也说过：“援助是相互的。经贸方面，中国援助巴基斯坦大米，巴基斯坦就援助中国棉花；外交方面，巴基斯坦也一直支持我国恢复在联合国的合法席位；科技方面，中国教巴基斯坦造船，巴基斯坦就教中国麻棉纺织。”

新月与星

2020年，巴基斯坦政府高度赞扬耿莹和基金会的对巴公益活动，并决定授予她“巴基斯坦之星”勋章，也称“巴基斯坦公民奖章”。该奖只授予那些对巴基斯坦国内发展、国际社会关系、公共外交关系等作出杰出贡献的人士。

巴基斯坦驻华大使莫因·哈克（左）为耿莹（右）颁发“巴基斯坦之星”勋章。 （中国华夏文化遗产基金会）

当获得“巴基斯坦之星”勋章时，耿莹感到十分安慰。因为在1987年，耿飚被授予了巴基斯坦最高文官勋章——“新月勋章”。讲到这里，她笑着说：“将来见了父亲，我得跟他显摆显摆。我就说你看女儿挺棒的，你有一个勋章，我也有一个。”

1987年，时任巴基斯坦总统穆罕默德·齐亚·哈克在授勋仪式上说，喀喇昆仑的建成是同耿飚副总理“这位前任大使当年的努力分不开的”。

2020年，现任巴基斯坦大使莫因·哈克在授勋仪式上说，两国关系之所以能够历经考验、长久不衰，正是因为有耿莹这样无私奉献的朋友。

面对父女两代人的努力换来的两枚勋章，耿莹对于中巴友谊有了新的理解："七十年了，没变的是一种心意，心心相通的心意。在巴基斯坦，一说是中国人，那就是好朋友啊。这看似很简单的一件事情，实际上是巴基斯坦的一代代人和中国的一代代人经过时间的长河，才走到今天。"

"中巴友谊万岁"

耿飚是湖南人，到了巴基斯坦也忘不了家乡的竹子，于是就买了几棵小竹苗种在使馆里，精心培育。

1959年卸任，耿飚临走时在这几棵竹子上刻下了六个字——"中巴友谊万岁"。

文中提及的中巴友谊楠竹

耿莹回忆说："等我去的时候，那竹子也长大了，字也长大了。后来爸爸告诉我，教育子女，培育中巴友谊，都和养竹子是一个道理。这竹子头几年在地面上长得很慢，但底下的根在不断延伸。等到根基稳固，营养充足，地面上的竹子很快就长起来。"中巴建交70年，也是因为一代代前辈打下根基，现在的走廊建设者才能继往开来，让两国友好局面蔚为大观。

耿飚把"中巴友谊万岁"刻在了楠竹上，也刻在了女儿的心里。

访谈的最后，82岁的耿瑩对年轻一代说："2020年是灾难的一年，我们扛过来了，那巴基斯坦能不能扛得过来？我们能不能帮他们扛过来？2020年我们的国家完成了脱贫攻坚战，高光点定格在了中国，什么时候定格在巴基斯坦？我不知道我能不能活到那个时候，但是希望孩子们能。"

两代人，70年。对于父亲嘱托她的"雄心壮志"，耿瑩说："有生之年，我想走遍他走过的路，为巴基斯坦的人们多做点什么。"

作者　施予（2021年5月12日）

02

第二章

高质量共建

经济发展 基建先行

截至 **2021 年 9 月**，中巴经济走廊 **70** 个早期收获项目中，
已有 **46** 个完工或在建，
帮助巴基斯坦新增 **5200 兆**瓦电力、**886 千米**国家核心输电网、
510 公里高速公路……
巴基斯坦跻身世界银行 **2020 年全球十大营商**环境改善国

巴基斯坦瓜达尔港

瓜达尔港

从卡拉奇乘坐一架涡轮螺旋桨小型飞机，向西南方向航行，中途越过广阔无垠的阿拉伯海，大概一小时后，当海域逐渐消失在视野中，我们就到达了此行目的地，被称为“风之谷”的瓜达尔，巴基斯坦俾路支省西南边陲的海岸城市。

刚出舱门，一阵温暖湿热的海风混杂着泥沙味扑面而来，放眼望去，一片如雾般升腾的黄沙半包围式笼罩着眼前这片土地，偶尔可见丛状的灌木植物顽强地生长在贫瘠的沙土中，与另一边的深蓝色澄澈海洋形成鲜明对比。难道这就是瓜达尔港吗？

“我们还需要再坐一段车才能到达港区”中国海外港口控股有限公司（下称中港控）的工作人员回答了我内心的疑问。车队徐徐向前行驶，沿途仍是略显苍茫的戈壁滩景色，房屋稀疏地散落在各处，但当车子快接近瓜达尔港自由区时，记者眼前一亮，首先映入眼帘的是用中文书写的“中巴友谊万岁”大横幅，再向远处望去，一大片树林高大挺拔、郁郁葱葱，一派生机勃勃的景象。

“只有把瓜港交给中国人经营，才能给当地人的命运带来转变。”在淳朴的当地居民中这句感慨广为流传。而瓜达尔港在短短八年时间里的巨大变迁也不断印证着这句话。

2015年，习近平主席对巴基斯坦进行历史性访问，全面擘画中巴“1+4”合作布局，瓜达尔港成为四大重点之一。两国高层的亲自推动，让瓜达尔港建设迎来了前所未有的机遇期。

瓜达尔港港口

走廊“明珠”连通世界

瓜达尔港位于巴基斯坦西南部，东距南部港口城市卡拉奇约460公里，西距巴基斯坦—伊朗边境约120公里，南临印度洋的阿拉伯海，处在全球重要水运通道霍尔木兹海峡湾口处，地理位置重要性不言而喻。然而，在2013年以前，由于新加坡港务局经营不善，瓜达尔港码头濒临废弃，港口业务难以为继。

自中港控接管了瓜达尔港码头及瓜达尔自由区开发和运营权后，历经数年的能力修复，码头设施于2016年全部恢复到可用状态，并成功举行首航仪式。目前，瓜达尔港码头可以同时容纳2艘5万吨级货轮，有5台集装箱桥吊，可以处理散杂货、集装箱和滚装货物，后方拥有10万平方米堆场，同时引进了先进的港口操作系统、港口网络等海关监管设施，港口功能得到全面恢复。

2020年1月14日，随着一声汽笛长鸣，由迪拜杰贝阿里港转口阿富汗的货物正式通过中远航运卡拉奇/瓜达尔海湾服务公司的“迪亚拉”号货轮运抵瓜达尔港，这标志着由迪拜经瓜达尔转口阿富汗的集装箱试运成功。目前，阿富汗转口化肥已经成为瓜达尔港主要业务来源。除此之外，中港控与巴基斯坦Al Qasim公司签订了合作协议，每月进口5000吨液化石油气，通过瓜达尔港运至巴基斯坦内陆地区。瓜达尔港是阿富汗、中亚等内陆国家和地区的理想出海口，大批输往阿富汗及中亚地区的转运货物通过瓜达尔港出入，将有益于巴基斯坦乃至整个南亚、中亚地区的经济繁荣。

2019年3月26日，一艘集装箱班轮正驶离瓜达尔港口。

阿富汗转口贸易的成功运营，为瓜达尔港打通向中亚、中东和北非的转口贸易增添新动能。早在2018年，瓜达尔港就开通了“巴基斯坦瓜达尔中东快线”，该航线由中远海运集装箱运输有限公司（下称中远海运集运）运营，以杰贝阿里、卡拉奇、卡西姆、阿扎布比作为中转港，依托中远海运集运的16条国际航线，为全球客户提供进出瓜达尔港的国际服务。这从根本上解决了瓜港建设完成后十几年都未能形成商业运营的问题，并提高了瓜达尔港口在整个南亚地区的航运地位。2021财年，瓜达尔港货物吞吐量达54700吨，约为过去3个连续财年之和。

港口经济推动城市发展

紧邻瓜达尔港北部有一片开阔区域，这里坐落着巴基斯坦第一个工业园区——瓜达尔自由区。自由区于2016年9月启动，次年即完成基础建设工作，是集道路交通、水电通讯、安全防护、垃圾处理等功能于一体的现代化园区。

随着瓜达尔港及自由区建设日渐完善，商业吸引力与日俱增。据了解，自由区的招商工作原计划三年完成，但实际上仅用了约一年时间。与此同时，巴基斯坦政府于2020年7月彻底落实自由区所有免税政策，进一步吸引各国潜在投资者。中港控董事长张保中介绍，目前已有酒店、银行、物流、海外仓库、粮油加工、渔业加工等行业的40多家企业在自由区注册，总投资额达9000万美元。

瓜达尔自由区

瓜达尔港是瓜达尔经济发展中的重要组成部分，自身发展的同时，也带动了城市基础设施发展。比如2022年1月完工的瓜达尔东湾快速公路，全长约18.9千米，连接瓜达尔港口、自由区和交通要道马克兰沿海高速。马克兰沿海高速东连卡拉奇，西连伊朗，东湾高速路与其接轨，将基本实现陆路交通全线贯通，一方面为自由区的产品向卡拉奇和伊朗运送提供便利，另一方面将大大提升瓜达尔港的货物集散能力，推动港口和自由区货物的进出口。期待已久的30万千瓦燃煤电站也已经启动建设，预计于2023年10月投入使用。一旦投入运行，该电厂将满足瓜达尔及周边地区的用电需求。

各项配套服务设施陆续完善，港区成为举办大型国际会议的首选地。在2018年瓜达尔大理石矿产博览会、2019年亚洲议会大会、连续两届瓜达尔国际商品展销会等会议举办期间，前来访问的客人络绎不绝，往返卡拉奇与瓜达尔的飞机几乎不停歇，每日增至八个航班都无法满足高峰时流量，曾经默默无闻的小渔村摇身一变成为来自世界各地的企业家、学者、政治家云集的海边都市，迸发出前所未有的活力。

2019年3月，时任中国驻巴基斯坦使馆公使衔参赞赵立坚在瓜达尔港调研。

民生发展 民心相通

改善民生、造福民众是中巴经济走廊关注的重点。长期以来，水资源短缺的问题一直困扰着当地居民，也限制了瓜达尔地区的发展。由于靠近海洋，瓜达尔地下水微咸，因此解决缺水问题必须依靠建水坝或海水淡化厂。2018年，中港控建造了一个较小的海水淡化厂，并与当地政府签署供水协议，每日向瓜达尔市民供应30万加仑淡化水，2019年公司又新增两套日产500吨海水淡化设备，进一步扩大供水量为150万加仑/每天，在一定程度上缓解了瓜达尔市民用水难的问题，为瓜达尔的稳定和发展提供有力保障。

由中国和平与发展基金会捐建的瓜达尔法曲尔小学，是中巴经济走廊项目心系民生的又一例证。法曲尔小学于2016年建成，为来自附近6000多个家庭的400多名孩子提供了教育机会，在俾路支省以高质量教学和最高通过率而闻名。2019年，基金会再次拨款扩建法曲尔中学，在疫情防控严峻的形势下克服重重困难，提前完工。2021年，学校教师已增至15人，学生近600人，是当地最受家长和学生欢迎的学校。法曲尔学校已经成为中巴友谊的象征。

瓜达尔法曲尔中学

在瓜达尔医疗卫生事业发展方面，中国红十字会向瓜达尔资助捐建了中巴博爱医疗急救中心，现已成为当地主要的卫生保健中心。此外，考虑到只有与瓜达尔百姓零距离接触，才能了解瓜达尔当地群众的需求，中国红十字会总会自2017年起，先后派出四支医疗队赴瓜达尔，为当地群众提供免费体检、营养和健康咨询。即使在疫情期间，援巴医疗队仍继续扎根瓜达尔港，为驻守在瓜达尔港的中国企业员工和当地人民带来希望。红十字会第四批援巴医疗队政委陈凡说，灾难面前，作为红十字会队员，就要发挥红十字组织在灾难救援、人道救助方面的重要而独特的作用。

瓜达尔中巴博爱医疗急救中心

瓜达尔属于热带干旱荒漠气候，年均降雨量不足60毫米，蒸发量却高达2500多毫米，土壤盐碱化严重，地表几乎无植被覆盖，生活、生存环境十分恶劣。为了创造较好的投资环境，中港控一直致力于推动建设“绿色瓜达尔”，从初期摸索、研究种植耐干旱的蓖麻、小驳骨、三角梅，到邀请专业技术人员培育更多试种品种，中巴建设者们硬是在昔日的戈壁滩上建起了生机盎然的花园式港口、公园式园区，并成为当地的网红打卡景点。2018年8月，时任巴基斯坦总理伊姆

瓜达尔首个绿地公园——中巴友谊林

兰·汗（Imran Khan）提出了在全国范围内种植100亿棵树的计划。同年10月，中港控提出了“百万造林计划”。2020年，中港控完成了中巴友谊林建设。目前的港口和自由区已经鲜花遍地，绿树成荫，绿地面积超过50%。

扬帆起锚 迈向新征程

借助中巴经济走廊东风，实现整个瓜达尔地区全面发展，最终将瓜达尔建设成一个“智慧港城”，是萦绕在当地民众心头的梦想。

2017年5月，中巴双方签订了瓜达尔智慧港城总体规划项目合同，旨在将瓜达尔建设成为一个具备国际竞争力的可持续发展的智慧港口城市。多年来，在瓜达尔政府及中国建设者的不懈努力下，瓜达尔的基础设施不断完善，为智慧港城的发展提供了源源不断的动力。全方位监测海运、航空、环境等的克拉玛依—瓜达尔友好城市气象站、基于大数据的瓜达尔港网络一站通关系统（WEBOC）、提供资讯及便民服务的移动客户端Gwadar Pro、中国移动Zong 4G等多个数字化项目已先后落地瓜达尔。随着智慧港城方案不断推进，一个绿色、智慧的瓜达尔将不再只是个梦想。

2021年7月5日，继瓜达尔新国际机场奠基仪式两年之后，时任巴基斯坦总理伊姆兰·汗再次到访瓜达尔，出席见证了多个项目的开工仪式。伊姆兰·汗在仪式上发表讲话时说，瓜达尔港正成为巴基斯坦尤其是该港所在的俾路支省繁荣发展的关键。随着瓜达尔港自由区北区开工建设和多个项目落地，瓜达尔港将为地区贸易带来新的机遇。

凡是过去，皆为序章。瓜达尔过去多年取得的成就预示着更加光明的未来。人们也期待在未来几年看到一个更加美丽、繁荣的瓜达尔！

作者　赵小鹏

人物故事

赛义德：作为中巴经济走廊建设者感到十分骄傲

工作态度端正、责任心强、虚心好学、工作中遇到困难时总是虚心请教身边的中国工程师，短短几年间，瓜达尔国际码头有限公司工程部赛义德·穆罕默德·侯赛因·伊曼（Syed Muhammad Hussain Imam）便从一名普普通通的现场工人成长为码头工程部主管，主要负责瓜达尔港码头和自由区内电力及淡水供应以及码头机械设备操作、维护工作。

瓜达尔国际码头有限公司工程部赛义德·穆罕默德·侯赛因·伊曼

瓜达尔港位于巴基斯坦发展最落后的俾路支省，2015年7月，赛义德最初来到瓜达尔港工作时，整个港口满目疮痍，港口机械设备因年久失修而无法使用，港区内的海水淡化厂和发电厂设施陈旧，不能开展正常生产工作。在整个团队的努力下，瓜达尔港发生了翻天覆地的变化，全新的码头设备已经安装调试到位，办公楼重新翻修，码头堆场扩建，海水淡化厂设备也已到位。

由于输电线路老化，瓜达尔地区经常发生停电，电力供应是港口及自由区正常运转的基本保障，为了确保生产工作顺利开展，赛义德负责的港区发电厂独当重任，几台发电机组连续运行，为港口及自由区设备、工厂和居民区稳定供电。

一直以来，瓜达尔地区自然条件十分恶劣。虽然背靠阿拉伯海，却常年干旱少雨，极度缺水，整个港区淡水都是由赛义德所负责的海水淡化厂供应。从每年3月开始，瓜达尔的气温就能达到40摄氏度以上，最热时地面温度能飙升到将近70摄氏度。8月左右，瓜达尔附近海域会出现严重的赤潮，整个瓜达尔都笼罩在

瓜达尔国际码头有限公司工程部赛义德·穆罕默德·侯赛因·伊曼

令人难以忍受的臭味之中。这期间海水淡化厂设备经常因海水赤潮而发生故障，不能正常生产淡水。为了确保港区内淡水供应，中港控在第一时间完成海水淡化厂设备抢修，每当发生赤潮时，赛义德经常主动安排自己在海水淡化厂上夜班。为了能够缓解瓜达尔当地民众“饮水难”问题，中港控定期向瓜达尔市区输送淡水，赛义德深受感动，他主动申请加入淡水供应管道修建工作，带领巴方同事们在进入酷热斋月之前完成了管道修建工作。

此外，赛义德还负责监督集装箱船装卸的顺利完成，确保码头桥吊和起重机的操作和维护。“作为一个团队，我们开展了阿富汗转口贸易、LPG业务、远洋渔业货物中转等，极大提高了瓜达尔港的货物吞吐量。”赛义德骄傲地说。

2018年6月，当赛义德第一次来到中国，参观天津港时，他被高度机械化的港口深深震撼，说道：“希望瓜达尔港能够早日发展成为像天津港一样重要的地区物流航运中心。”

赛义德坦言，“中巴经济走廊的建设为巴基斯坦人民带来了实实在在的好处，能够作为中巴经济走廊建设者，我感到十分骄傲。我将不断提升自己，为公司的发展和中巴两国的长久友谊做出更多努力！”

中国发展改革报社记者　公　欣

巴基斯坦萨希瓦尔燃煤电站

萨希瓦尔燃煤电站

比比·罗吉娜（Bibi Rozina）觉得十分幸福。她最近买了套新房子，还换上了新电器和新家具。她的丈夫现在可以去医院看病了，女儿也正为结婚做各种准备。她有着各种各样的计划，希望在未来几年可以一一实现。这要在过去，简直就是天方夜谭。

罗吉娜一家的变化，要从她的儿子穆罕默德·阿里（Muhammad Ali）加入萨希瓦尔燃煤电站说起。

华能山东如意（巴基斯坦）能源有限公司萨希瓦尔燃煤电站由中国华能山东

萨希瓦尔燃煤电站南侧

发电有限公司与中国山东如意科技集团公司共同投资建设，投资约18亿美元。电站是中巴经济走廊优先实施项目，是巴基斯坦首个超临界电站，也是中巴经济走廊框架下建设的首个电站。萨希瓦尔燃煤电站自2015年7月31日开工建设，工程历经22个月零8天完成，比原计划提前200天，堪称“萨希瓦尔速度”，成为巴基斯坦电力建设历史上的奇迹，中巴两国政府和国内外同行对此项目都给予了高度评价。

建设萨希瓦尔燃煤电站之前，当地就业机会少，生活条件差。贫困潦倒的罗吉娜一家挤在一间破旧的出租棚屋里，丈夫长期患病，儿子阿里也遭遇下岗，这一切让她对儿子的未来和家庭的经济状况感到非常担忧。

萨希瓦尔燃煤电站开工之后，一切都朝着积极的方向发展。电站最大限度缓解了巴基斯坦的能源危机，满足了巴基斯坦至少10%的总电力需求。从电站建设到电站运营，为巴基斯坦青年提供了大量的就业机会。除了穆罕默德·阿里一家，还有很多家庭因为该电站的建设开启了幸福生活。

穆罕默德·阿里表示：“萨希瓦尔燃煤电站不仅仅是一个发电站，更是我未来职业建设的生命线。”据悉，电站已雇用了大约3000名巴方员工，约占员工总数的90%。

青年事业的希望

为数众多的巴基斯坦青年加入萨希瓦尔燃煤电站，开启了自己的职业生涯。环境工程师佐海布·哈桑·霍哈尔（Zohiab Hassan Khokhar）便在电站找到了自己的归宿。

佐海布表示：“我来自拉合尔市一个中产阶级家庭。之前我一直在找工作，但在一些不重视从业资格和能力的地方，很难找到好工作，而萨希瓦尔燃煤电站完全根据业绩雇用我。我认为，中国取得的卓越成就，与中国盛行的以业绩为基础的制度分不开。”

萨希瓦尔燃煤电站部分巴方员工合照

加入华能山东如意（巴基斯坦）能源有限公司后，佐海布表示，他很幸运能有机会在世界顶级工程师的指导下磨炼自己的技术能力。他说：“我掌握了最新的技术知识和实践经验，并将之应用到电站的实际生产和运营中，我觉得自己在全球环境工程和燃煤电厂领域都具有相当的竞争力。”

材料工程师阿里·亚索布（Ali Yasob）认为，公司的每个部门都能提供公平竞争环境，帮助所有人共同成长。“尽管存在文化和宗教差异，但两国工作人员就像家人一样，相处十分融洽。每逢中国传统佳节，中国员工会很热情地邀请我们参加他们的庆祝活动。我们也会邀请他们一起庆祝巴基斯坦传统节日。”

生态友好的社区

萨希瓦尔燃煤电站是中巴经济走廊框架下技术领先、节能环保的高效清洁燃煤电站。

为了最大程度保护当地的生态系统，萨希瓦尔燃煤电站从项目建设到运营，严格控制二氧化硫、氮氧化物、一氧化碳和汞等有害物质的排放，烟气中污染物的含量低于世界银行、日本、欧盟和巴基斯坦制定的标准。

萨希瓦尔燃煤电站入口处的树木青翠欲滴。

萨希瓦尔燃煤电站项目建立了持续排放监测系统，建成了空气质量监测站，聘请了EPA认证的第三方环境监测公司，开展环境监测计划，每月提交环境报告，确保空气质量达标。

煤场的设计也凸显了环保理念。煤场设有喷水枪防止煤尘，煤场周围设有围栏，比煤堆高度高出2米。灰场采用中国标准聚乙烯土工膜的设计，通过等效渗透系数为1.00×10-7厘米/秒的人工阻隔层和1.5米厚的粘土层来控制渗水。同时，煤厂安装了最好的污水处理设施，煤炭废水经过处理可再次利用。外界谣传电站将未经处理的水排放到农业用地，破坏土地肥力和农作物，这一说法并不属实。

萨希瓦尔燃煤电站项目获得了“中国国家优质工程奖”等中国电力行业和建设领域的最高荣誉，并在巴基斯坦获得了多项国家级和省级奖项。

授人以渔共建未来

除了建设世界领先的现代化电站，华能山东如意（巴基斯坦）能源有限公司还将建设、运营和管理方面的知识毫无保留地传授给巴方员工，经过5年左右的时间，巴方员工已具备自行运营电厂的能力。

萨希瓦尔燃煤电站控制中心

共有171名巴方员工前往中国现代的电厂接受技术培训。华能山东如意（巴基斯坦）能源有限公司计划每年培训约300名当地学生，提供各类技术课程，打造中巴文化和技术交流中心。

技术培训学校已经建成，并招收了第一批学生参与实习项目。经过公司多年的培训，越来越多的巴基斯坦人成长为技术精湛的工程师，已然是巴基斯坦未来的骨干力量。

萨希瓦尔燃煤电站为巴基斯坦提供了稳定的电力供应，对维护巴基斯坦能源安全至关重要。截至2021年3月10日，萨希瓦尔燃煤电站已向巴基斯坦国家电网提供了300亿千瓦时以上的清洁能源，填补了巴四分之一的电力短缺，解决了400多万户家庭的用电需求，为当地的经济社会发展注入了强大的动力。

作者　亚瑟尔·哈比卜·汗　熊韦盛

人物故事

"一带一路"急先锋 点亮"走廊"第一灯

2018年3月，一个振奋人心的消息让华能山东如意（巴基斯坦）能源有限公司萨希瓦尔燃煤电站全体职工热血沸腾——时任巴基斯坦总理阿巴西（Shahid Khaqan Abbasi）亲自签发授予萨希瓦尔燃煤电站"杰出成就奖""中巴经济走廊第一个竣工项目"等荣誉称号。荣誉的背后是华能人践行"一带一路"倡议的艰辛付出，也是萨希瓦尔燃煤电站项目工程部的骄傲！作为萨希瓦尔燃煤电站的首批开拓者，工程部职工发挥"拓荒牛"精神，为中巴经济走廊首座大型清洁高效燃煤电站的建设做出了突出贡献。

肩负使命，以苦为乐闯天下

2015年5月1日，萨希瓦尔项目工程部18名职工，作为"先遣队"，最早踏上巴基斯坦萨希瓦尔这片热土地。虽然对那里的艰苦条件早有耳闻，也做好了吃苦、打硬仗的思想准备，但到了现场，他们还是被恶劣的条件震住了：气温高达四十五六度，滚滚热浪扑面而来，白花花的太阳照得人睁不开眼睛。露天工作，护目镜被晒得变了形，胶鞋被土地烫得开了胶。肆虐的蚊蝇、时常出没的毒蛇……想到了条件艰苦，没想到的是条件如此的艰苦！

当地的物资极其匮乏，5个塑料盆找了3家商店才买齐，买4件相同型号的衣服要在全国调配；中国最普通的面条，巴基斯坦卖到60元一把。像榨菜、火腿肠、方便面这样的常见食物都成了奢侈品。

刚到工地现场，理发是大家面临的一个难题。因为没有工具，也没有理发师，他们就用剪刀你帮我，我帮你地剪一剪，人人都成了“高级理发师”，虽然剪得不好看，至少能获得酷热天气里的些许清凉。

现场的两个集装箱是临时的办公场所。没有空调、风扇，即便坐着不动，汗水也流个不停。工地的网络信号特别差，为了把编制好的日报及时发回国内，他们捧着笔记本，手里高举绕着铜线的竹竿，在土路上到处寻找网络信号强一点的地方，一发就是六七个小时。

为了确保安全，工程部把住处安排在离厂址15公里外的一个军营里。房间里阴暗潮湿，蚊虫乱飞，垃圾遍地，营区外就是荒凉的黄土山，经常有眼镜蛇出没。由于基础卫生条件差，登革热时有发生。为了保证安全，项目部制定了严格的工作、生活纪律。他们每天被军队护送着上下班，工地、驻地两点一线，几乎不外出。

2015年7月份的一个傍晚，太阳缓缓西坠，工地上光线渐渐暗了下来，大家像往常一样陆陆续续走出集装箱办公室，准备在警察的护送下集体下班，可是突然传来消息：在工地外N5国道奥卡拉公路段收费站附近发生了暴乱分子与警察冲突对峙的情况，返回营地的道路被封锁了。大家的心一下子紧了起来！应警方要求，大家必须在工地原地待命，等待放行。时间一分一秒地过去了，次日凌晨1点半终于等来了消息：道路依然封锁，只能绕行！尽管如此，大家听到这个消息还是松了一口气，不管怎样，也能回去填饱肚子，编辑工程日报发邮件了。车队在乡间土路上拐来拐去，颠簸着缓慢前行，两个小时后终于平安到达了驻地。狼吞虎咽之后，编辑工程日报传回国内，一天的现场工作才算是正式结束。

恶劣的环境、艰苦的条件，加上工作头绪繁多，很多人出现了发烧、腹泻等症状，燃料专工邵勇一个月就瘦了20余斤。先遣队的队员们开始思念家乡、想念亲人，有的甚至对自己来巴基斯坦的决定产生怀疑。

留意到大家的思想波动，项目党委书记和支部书记分别与他们谈心：“大家走出来就代表华能、代表中国！”“不怕，有困难大家一起扛。”“家里的事公司都替大家想着。”大家的信心增强了，“既然选择出来，就要干出个样子，不然有什么脸面回去。”

萨希瓦尔发电厂车间

敢为人先，团结协作创奇迹

工程部所有人员都是初次走出国门，工作中没有现成的经验可以借鉴。可研、初设、施工、调试，每推进一项工作，都要付出很多额外的艰辛劳动。

工程部主任孙传庆是大家的主心骨。白天，他身边围绕着各项员工，处理着各种事情，夜间，他对白天没时间处理的厚厚一摞文件进行审核并签署意见。他不但在自己的岗位工作上精益求精，也不断给工程部的同事强调精品意识。“干工程一定要像呵护自己的子女一样，每一步都不能放松，从项目可研、初设、设备招标到项目土建、安装、调试，每一个过程都需要所有人全力付出和把握，必须一直战战兢兢，如履薄冰地进行，任何一个过程的疏漏都会给将来电厂运营带来隐患！”这也成了工程部全体人员的工作理念和信条！

为了能用到一台合格的设备，工程部全体人员竭尽全力把关。考虑巴基斯坦现场的极高温度环境，真空泵的作用举足轻重，直接决定着在夏季工况下机组能否满发。为了能够保证真空泵的性能可靠，工程部汽机专工谭建亮赶赴设备使用电厂进行实地考察，考察设备的实际使用情况，现场收集资料，日夜兼程，3天时间历经3000多公里，跨越山东、湖北、江苏、安徽等省份，考察了6家电厂。

巴基斯坦土质疏松，建厂房必须进行30多万方的基础换填。2015年8月，现场基坑开挖，最深处达15米。那段日子，大雨下个不停。如果坑里的地下水、雨水不及时抽出，基坑就可能出现塌方。三天三夜，他们冒着大雨，轮流蹲守在基坑旁，一边用潜水泵抽水，一边查找随时出现的裂缝。在项目组人员的努力下，最终保住了基坑。

项目建设中，最关键的是图纸、设备和物流。巴方基础工业薄弱，项目88%的设备和材料要从国内运去。一船货物自上海港发出到施工现场，至少要45天。既要保质保量，又要加快速度。怎么办？严格设备监造及出厂验收，确保缺陷不出国门；盯紧现场，倒排工期，催促厂家加快生产和设计出图。为了施工需要，工程部所有人员都当起搬运工，不管谁回项目工地，行李箱里装的不是国内的土特产，而是图纸、备品和配件。两年间，通过他们随身携带到现场的图纸、零部件达上万件。

为能够满足对图纸的需求，工程部配合设计院进行设备厂家图纸提资。给水泵在电厂所起的作用犹如人体的心脏，设备厂家是苏尔寿泵业有限公司。图纸和设备制造进度较为缓慢，加之该公司业务量巨大，图纸提资、设备发运一直制约着整个工程施工的进度。为了解决这些问题，工程部专工南下苏州苏尔寿工厂进行提资催产，督促设计和制造尽快开展，最终在不影响现场施工和安装的前提下圆满完成了设备设计和发运任务。

技经专工李明辉买来工具书，从零学起，对比国内国外法律法规，分析在岸离岸差异，逐步了解这一国际工程特有的商务实践，一个细节一个细节地考虑，一个节点一个节点地斟酌，废掉了多个不完善的草案，最终通过合同的分解与组合，形成了工程E、P、C的合理架构，理顺了工程分阶段的工作管理界面，促进了工程进度和效益的大提升。

工程建设全面展开以后，3000多名巴籍员工参与工程建设。工程部一方面是严，严格执行规定，奖罚分明；另一方面又爱，充分尊重巴籍员工的习俗，现场设立祈祷室，让他们按时祈祷；加班加点抢工期，让他们正常过斋月。工地组织捐款，帮他们解决特殊困难。很快，巴籍员工都接受了中方的管理方式，经常伸出大拇指："中国兄弟，超级棒！"

萨希瓦尔发电厂中巴工作人员

拼搏奉献，大国工匠铸精品

尽管条件艰苦，困难重重，大家没有忘记动员会上领导的嘱托：打造精品工程。

协议签署、设备提资、图纸审查、设备招标、催交催运、质量验收……一项项工作忙而不乱，大家保安全、抢工期、抓质量、控造价，一项项纪录被陆续刷新。

巴基斯坦的8月，热是每天的煎熬。随着化学制出合格水节点日期的临近，内心的焦急更是一种比热更磨人的炙烤。为推进项目建设，工程部组织监理、施工方到现场督促，制订工作推进计划，保证巴方施工队伍必须按工艺要求如期完成施工，每天必须核对质量与进度。大家的衣服每天不知道被汗水浸透多少次，晚上脱下来时，被身体捂干的部分布料竟然是硬邦邦的板状。

项目进入到施工调试阶段，正逢高温天气，正午施工现场气温达到60多摄氏度，隔着厚厚的手套，都感觉到设备烫手；穿着胶靴双脚被烫得直跺脚。这样的气温下，大家一天要在90多米高的锅炉上爬几个来回；每人每天在现场平均要走两万多步。

两年的项目建设是一场与高温较量、与时间赛跑的战役。太阳的暴晒，长时间戴安全帽，让工程部每个人脸颊上，都留下两道被人称之为“安全印”的白色印记，镌刻下华能人攻坚克难、拼搏奉献的最美“图腾”。

为了按期完成任务，项目部把锅炉水压试验、全厂倒送厂用电等24个重要里程碑节点，落实到每一个人头上，并在鲜红的党旗下，签订了责任书。由党员带头，大家像拧紧了的发条，一心一意地投入工作。

锅炉主管于益涛负责的是锅炉水压试验，为保证锅炉焊接质量，他对焊口实行“终身负责制”，五级验收，级级签字画押，不达标准不转段。最终，提前两个月完成两台锅炉水压试验，82000多道焊口无一泄漏。

工程部主管孟骋负责化学制水，他日夜穿梭在现场，监督、检查、管理、协调。没有会议室，就组织参建各方在现场站着开会；晚上没有正式照明，就打着手电梳理当天工作。经过两个月的日夜鏖战，2016年10月30日，当他捧着现场制出的第一批合格水时，激动得两手颤抖。

深水井勘探与开采施工是专工王建军来巴管理的第一个较大任务。因为国内专家对巴国砂土系地质出水量并不看好，“能达到150m³/h就不错了”，有的专家如是说。设计上已经把开采井的数量增加到10口了，计划每口井提供300m³/h的水源，难道开采数量还要加倍？王建军很是担心，因为10口井的合同已经签订，开采井数量的加倍意味着打井费用的加倍。自从确定了第一口深井的钻探位置后，王建军三天两头往现场跑，有时连续几天盯在工地上，同勘测人员沟通，一起商量确保井壁不塌方的办法，一起分析钻出物体的性质，一起确认滤管的材质、长度以及深井水泵、电机的质量。时值巴国的夏秋交替季节，工地处于无遮无掩的农田里，白天烈日炙烤着皮肤，如同身处在火海边；夜幕刚一降临，成群结队的蚊子就毫不客气地朝他发起“人身攻击”，身上、手上经常出现几十个叮包。功夫不负有心人，当1号深井抽水试验时，出水量达到了傲人的305m^3/h时，工地上人人欢欣鼓舞。

2017年大年三十晚上，倒送厂用电实现一次成功。为了这一天，大家连续奋战100多个日日夜夜。大家精诚协作、合力攻坚。随着项目的推进，24个重大里程碑节点正点完成率百分之百。

2017年的5月24日和6月8日，是工程部职工终生难忘的日子，两台机组分别完成168小时满负荷试验。建设工期仅用了22个月零8天，比计划工期提前200天！面对不断飞来的一封封喜报，大家激动地拥抱在一起，任凭泪水流淌。

萨希瓦尔发电厂

2017年7月3日举行的项目庆典仪式上，华能集团主要领导称赞电站创造了“五个之最”——巴基斯坦单机容量最大、技术最先进、环保指标最优、中巴经济走廊建设速度最快、最先投产。

甘于付出，舍家为国写忠诚

2016年冬天，工程部主任兼支部书记孙传庆和妻子双方的三个老人相继住院，孙传庆知道后焦急万分，既牵挂又愧疚。大年除夕晚上，病床上母亲忍着病痛，强作笑脸，与远在巴基斯坦的孙传庆视频，说自己身体没什么大毛病，让他千万不要牵挂。孙传庆泪流满面，只能把对家人的牵挂转到对工程又快又好的建设中。

锅炉专工汪中宏父亲摔伤、母亲住院，他没能服侍，为人子，他不够孝顺；妻子怀孕，他没有陪伴，坐月子，他没侍候几天，为人夫，他不够关爱；小女儿烫伤，他没能安抚、拥抱、关怀，为人父，他不够慈爱。但是，每天看着自己得意之作——萨希瓦尔锅炉，他都无怨无悔！

汽机专工孙永军的儿子刚上小学一年级，在老师给出的《我最想干的事》的题目下面写道：“我想把一卡车冰块运到巴基斯坦，让在那里工作的爸爸凉快一下”。听到孩子懂事而又天真的话语，大家心里都酸酸的。

正月初六，热工专工姜波忠念高三的儿子开学。他又在调试现场度过了一整天。晚上回到办公室后，他给儿子打了个电话。电话那头，儿子要他在现场照顾好自己的身体。大过年的，吃好一点；儿子还告诉他，自己很好，开学的第一天也很顺利，请他不要担心。电话这头，姜波忠这头早已泣不成声。

土建专工周玉沛由于工作需要，直到除夕前夜，在工地上整整待了180天之后，才风尘仆仆赶到家过年。谁料想，大年三十这一天，由于设计变更涉及土建交安，急需他现场处理，接到返岗命令的那一刻，周玉沛不敢正视年迈的母亲、贤惠的妻子，来不及吃上一顿团圆饭，他只能默默收拾起行装，奔向一线，这一走，又是一个180天……

脱硫主管贺同生，工作之余一直与妻子用视频进行交流，可是有一段时间妻子只打电话，却不用视频。他感到奇怪，当他强烈要求妻子打开视频的时候，才发现妻子的右胳膊打着绷带，脸部大面积擦伤。原来，妻子摔伤已经一个多月了。

消防主管贾克勇是独子，2018年3月下旬，他接到姐姐电话："母亲病危，速回。"项目部领导安排他乘飞机连夜赶回国内，但还是没能见上母亲最后一面……

类似的事情，在工程部、在萨希瓦尔项目部，还有很多很多……

汗水铸精品，忠诚写华章。萨希瓦尔燃煤电站工程部肩负为国争光的坚定信念，背靠中国华能的强大支持，点亮了中巴经济走廊上的第一盏明灯，兑现了华能对巴基斯坦人民的庄严承诺。在中国华能创建具有国际竞争力的世界一流企业的道路上，"萨希瓦尔精神"将激励着工程部全体职工永不止步、奋勇向前。

作者　李湘峰　陈大鹏

巴基斯坦卡西姆港燃煤电站

POWERCHINA AMC
POWERCHINA AMC

卡西姆港燃煤电站

海天一色，碧波清澄。

在巴基斯坦南部海岸，一座雄伟的现代化电站巍峨耸立。这座由中国电建投资建设的巴基斯坦“1号工程”——卡西姆港燃煤电站（以下简称卡西姆电站），“建”证了中巴共谋发展、合作共赢的奋斗历程。

一诺千金，共商共建增福祉

2015年4月，习近平主席对巴基斯坦进行历史性国事访问。中巴签署逾50项合作协议，以实际行动支持巴基斯坦发展经济、改善民生，展现对“巴铁”的深情厚谊。

在协议签订不到一个月的时间里，2015年5月，一座设计为2台66万千瓦超临界机组，年均发电量约90亿千瓦时的卡西姆电站，作为中巴经济走廊首批落地大型能源项目正式开工建设。

电建海投公司作为中国电建海外投资的法人主体，牵头负责该项目的实施。“中国电建投资建设卡西姆港燃煤电站，就是要深入践行中巴命运共同体理念，投身‘一带一路’建设，助推当地经济社会发展，为中巴友谊再增添新光彩。”电建海投公司党委书记、董事长盛玉明深情地说。

为了这份庄严的承诺，中国电建汇聚旗下11家骨干子企业参与其中、跑步进场，投身到这项被誉为巴基斯坦1号工程的项目中去。按照同体量项目常规来说，融资周期一般需要一年半到两年的时间，中国电建商务团队仅用时8个月便完成近20个融资协议谈判，落实了百余项放款条件，卡塔尔合作方特意发来邮件称赞道：这是了不起的中国速度！

在施工现场，建立投资、监理、建设、运营“四位一体”组织管控模式，充分发挥中国电建全产业链一体化的独特优势，在6000多名中巴建设者的胼手胝足、汗水挥洒中，原计划的一项项工程节点，被超纪录的施工进度线一次又一次地抛在了后面。2017年11月10日，首台机组提前50天并网发电；2018年1月15日，二号机组提前74天并网发电；2018年4月25日，电站提前67天进入商业运行。

巴基斯坦卡西姆港燃煤电站全景

“卡西姆电站的建成是巴中传统友谊之间的又一重要里程碑，是巴中两国能源合作项目的成功典范，是‘中巴经济走廊’建设的标杆示范项目，将对巴基斯坦经济发展和人民生活改善发挥积极作用，希望中国电建继续参与巴基斯坦国家基础设施建设，促进巴基斯坦经济繁荣发展。”时任巴基斯坦总理阿巴西在卡西姆电站首台机组发电仪式上给予高度评价。

据巴基斯坦电力部门统计数据，卡西姆电站已成为巴基斯坦发电负荷率最高、电量最多、电价最低的绿色环保电站，年度发电量能够满足当地400万家庭用电需求，解决数千就业岗位，创造丰厚的税收来源，彻底改变当地每天停电12小时以上的历史。截至2021年4月底，卡西姆电站已累计发电315亿千瓦时，为构建新时代更加紧密的中巴命运共同体持续注入了新动能。

守望相助，携手抗疫见真情

铁哥们，这是中国民间形容两人关系好的俚语。是朋友，亦是兄弟；重当下，也重传承，看平时，更看危难。

2020年，中国发生新冠肺炎疫情之初，巴基斯坦人民便坚定地与中国人民站在一起。卡西姆电站商务部胡玲和她的中国同事们，有着深切的感受和体会。

“作为一个湖北人，我十分想念和担心祖国的亲人，但身边巴基斯坦同事给了我莫大的鼓励。我每天都会接到十几条巴基斯坦同事为中国加油祝福的微信留言，让我深切感受到巴方兄弟的温暖，让我的这份坚守更有意义。”

当首例新冠肺炎病例在巴基斯坦境内出现后，卡西姆电站立即启动应急预案，先后制定了“14+11”项防疫措施，中巴员工共同投入到这场艰苦卓绝的抗“疫”斗争中。

新冠肺炎疫情期间，卡西姆电站中巴员工驻守岗位。

由于文化传统、生活习惯、思维理念的不同，卡西姆电站在加强与巴方员工沟通交流，做好心理疏导，注重防疫培训的同时，编辑印制中英乌三种语言版本的图文防疫手册，发放到每一名巴籍员工手中，并为其提供防疫手册电子版，以方便巴籍员工转给自己的亲朋好友共享。

作为在巴中企会长单位的中国电建，联合各中资企业向巴基斯坦国家灾难管理局等捐款共416万卢比（约合人民币35.4万元）、N95等医用口罩3.5万只，向巴基斯坦红新月会和PBM 扶贫机构捐赠生活物资500余份。2020年8月，信德省卡拉奇市遭受百年不遇的洪水灾害，卡西姆电站又在第一时间捐款200万卢比（约合人民币17万元），帮助当地民众渡过难关。

疾风知劲草，烈火见真金。巴新冠肺炎收治定点医院PIMS医院执行总经理马克苏德表示："中国电建等中国企业捐赠的防疫物资及时缓解了各医院医疗物资短缺的状况，大大增强了我们抗击疫情的信心，更让我们见证了艰难时刻下中巴两国的兄弟情谊。"

作为巴基斯坦重要的电力供应基地，在艰难时刻把电站运营好、维护好，是对巴基斯坦疫情防控最大的支持。

为进一步消除巴国家电网自动化水平低、故障频发给机组安全和正常生产带来的隐患，2020年8月，中国电建组织85名技术人员"逆行出征"，从国内乘包机抵达卡西姆电站，并顺利提前完成机组C级检修工作，为卡西姆电站安全、稳定、高效运行打下了坚实基础。

虽然疫情蔓延，给电站生产运营带来较大困难，但中国电建坚持属地发展、回馈属地，既没有撤回中方员工，也没有解雇巴籍员工，全力保障每一名员工的权益，确保电站持续稳定运行。

一年多未休假，和中国同事共同坚守防疫一线的企业文化部巴籍员工乌马奇说："目前，我们在电站工作很安全。工作没有丢，收入没有降，中国电建还专门给我们发放防疫补贴，给予我们很多人文关怀，这样我们全家人的生活，就都有了保障。"

《今日巴基斯坦报》发表评论文章说，在疫情阴云笼罩的困难时期，中国工程师们与巴方建设者共同坚守岗位，奋战在中巴经济走廊一线，为推动巴基斯坦经济社会复苏和稳定发展做出了重要贡献。

心心相印，共铸命运共同体

2020年10月22日，一场别开生面的“云”上公众开放日活动，将卡西姆电站再次推送到巴基斯坦民众面前。

在中国中央广电总台主播的主持下，巴籍员工纷纷讲述在卡西姆电站工作、生活和学习的感悟及成长经历，并通过视频带领观众参观巴方员工食堂和宿舍，以第一视角感受巴方员工在卡西姆的点滴生活。直播期间，同时发布了部分工程师、管理人员、厨师和司机等岗位的招聘信息，让观众在浏览直播同时，也能在现实中有所收获。

公众开放日视频在社交媒体平台累计播放15万余次，4700余个点赞，2000多条评论。他们中有卡西姆电站建设运营的参与者、当地高校师生、主流媒体，更多的则是巴基斯坦的普通民众，但表达的无不是对卡西姆电站的惊叹和中巴友谊的祝福。

疫情发生后卡西姆电站工作照片

网友亚西尔留言：“巴基斯坦和中国手足相连，中国在促进巴基斯坦国民发展方面发挥了至关重要的独特作用。中国电建不仅为我们带来了光明，而且促进了巴基斯坦的经济发展。”

网友阿里留言：“我也在卡西姆电站工作，这是一个很好的平台，我非常感谢中国电建为我提供的工作机会和舒适的居住条件。”

财务管理部税务审计负责人费萨尔（Faisal）在直播间里看到熟悉的人和事时，也难掩激动。他曾在普华永道、德勤等世界知名会计师事务所工作多年，但从小听着中巴友谊故事长大，对中国人和中国公司有着格外的亲近感。“卡西姆电站是中巴员工共同的家园，大家携手同行，互融共促，为每个人都提供了广阔的发展空间和舞台。”由于工作优异，费萨尔在2020年被评为中巴经济走廊项目优秀巴籍员工和电建海投公司优秀外籍员工。

现在已是运维部主任助理的沙希德，给自己起了一个特有中国范儿的名字——“王大川”。刚毕业时，他从16000多名巴基斯坦大学生中脱颖而出，成为中国电建首批招聘的100名大学生之一。提到加入中国电建，他觉得是这辈子最幸运的事情，“个人努力很重要，但平台更关键，卡西姆电站以奋斗者为本，让每一名巴基斯坦有志青年，都能得到素质提升和真才实学，能够为自己的祖国和人民做贡献。”

百闻不如一见。为了让更多的人走进中国电建，了解中国企业，自项目开工建设至今，卡西姆电站先后多次组织巴政府、社团、大学师生以及民众来到卡西姆电站。2019年11月21日，中国电建在巴基斯坦伊斯兰堡正式发布《中国电建在巴基斯坦可持续发展报告》，这是中国企业首次在巴基斯坦发布相关报告。发布仪式上，巴基斯坦参议院外事委员会分别授予中国电建和卡西姆电站“中巴友谊奖”。

巴基斯坦国民议会议长阿萨德·凯瑟（Asad Qaisa）在仪式上表示“希望以中国电建为代表的中国企业，加大在巴基斯坦的建设投资力度，向巴基斯坦开放市场，造福巴基斯坦人民。”

近年来，卡西姆电站加强与当地社会各界的积极互动，推进与巴大学高校、媒体智库等多方交流，在当地专业技术人才培养、电站的绿色开发与环保综合利用以及跨文化融合等方面，持续开展深入合作。

弘义融利共谋发展，友谊之树根深叶茂。在中巴建交70周年的新起点上，在卡西姆电站友谊丰碑下，中巴兄弟相聚在这里，夜以继日，不辞辛劳，并肩奋斗，还将携手开创更加美好的未来！

作者　李胜会　刘向晨　周高明

人物故事

逐梦“一带一路”展青春风采

——记巴基斯坦卡西姆港发电有限公司副总经理

有一首诗最为动人，那就是青春；有一段人生最为美丽，那就是青春。对于一名海外电建人来说，铭刻一生的青春记忆，便是满怀赤子之情，在异国他乡，为实现“走出去”战略而挥洒汗水，书写青春激情燃烧的岁月。何时有，便是这些最美一线青年中，极其平凡而又耀眼的一个。

何时有，这位1984年出生的英俊潇洒的电建青年，拥有华东理工大学和丹麦奥尔堡大学双硕士学位，是名副其实的“学霸”。参加工作7年来，他一直奋战在国外工程项目一线，从业务员擢升到巴基斯坦卡西姆港发电有限公司副总经理，职务的升迁不仅是对他工作的认可，也见证了他成长蜕变的历程。

外语水平高、业务能力强、专业理论扎实、组织协调能力好、工作认真负责、有大局观、执行力强，拥有丰富的海外工程投资协议、商务、融资管理经验，是从事海外市场开发和建设管理的中流砥柱和骨干力量，这是领导和同事对何时有一致的评价。

兢兢业业，卡西姆港勇攀高峰

2014年2月底，何时有刚结束三年多的海外常驻回到北京，在国内仅仅待了10天，就被派往巴基斯坦，从此开启了为卡西姆港2×660MW燃煤电站拼搏奋斗的生涯。

卡西姆港燃煤电站是国家“一带一路”倡议中“中巴经济走廊”优先实施项目，受到中巴两国政府的高度重视与关注。该项目也是海投公司首个海外火电投资项目，面临没有先例可循、两国政府支持政策尚未明确等诸多困难，商务工作任务之艰巨不言而喻。

在项目开发伊始，他一个人在伊斯兰堡负责与巴基斯坦政府部门对接。万事开头难，他对可能遇见和出现的困难做了超前预测，但困难之多还是远远超出了他的想象。

卡西姆港燃煤电站

海外大型投资项目融资的结构和合同关系极为复杂，卡西姆电站项目光是涉及的法律文件就多达60余份。由于时间紧张，合同的谈判、定稿任务异常艰巨。因卡西姆项目是电建海投第一次与海湾国家王室合作，在文化、理念和期望上存在差异，影响融资的及时有效开展。为增进沟通、加强合作，他主动、坦诚地与合作方交流谈判，向对方详细阐述项目进展、施工合同、融资保险等问题，获得了对方的理解和支持，保证了项目建设和融资的快速推进。在谈判最艰难的那段时间，他每天只睡不到5个小时，在极短的时间内落实了全部60余项融资关闭先决条件，推动巴政府打破先例出具了《主权担保书》和《融资关闭确认函》，促成项目按期实现了融资关闭。

他带领的伊斯兰堡商务团队平均年龄只有28岁，专业背景涵盖经济、法律和工程，是一支“复合型”高素质的团队。这支年轻的团队扛起了卡西姆项目协议谈判、股东合作、融资保险、法律财税、对外协调和公共关系等方面的重任，并配合推动解决了大量重点、难点问题。

任劳任怨，砥砺前行无怨无悔

“既然选择了远方，便只顾风雨兼程……既然目标是地平线，留给世界的只能是背影。”对于电建人来说，既然选择了电建，留给家人的就只能是聚少离多。

在风景秀丽的南欧江畔，在海风猎猎的阿拉伯海岸，在举目无亲的异国他

卡西姆港燃煤电站建设期中巴员工在GIS室进行系统测试工作。

乡，驻守海外项目不仅要适应当地的风俗习惯，要适应复杂多变的气候环境，要克服语言文化的巨大差异，还要忍受对亲人和祖国的思念。

在常驻海外的7年里，因为工作需要，他告别新婚燕尔的妻子，离开出生未满月的儿子，顾不上与双亲道别。我问他最大的遗憾是什么？他说“是对家人的亏欠”。最大的希望是什么？“希望能有更多的时间陪伴家人，见证儿子成长的每一步。”作为一名80后的年轻人，何时有表现出了有别于他人的成熟和稳重，默默地把对亲人的思念转化成工作的动力，在自己的本职岗位上披荆斩棘、勇往直前，成功完成了一个又一个艰巨的任务。

何时有曾荣获中国电建集团“十大杰出青年”和“中央企业岗位能手”等荣誉。他说：“因为喜欢，我不后悔自己的选择；因为热爱，我将继续坚持。电建海投以‘海纳百川’的气魄为年轻人创造了宽广的舞台，我们唯有常抱感恩之心，保持与时俱进、开拓创新的精神状态，兢兢业业、脚踏实地做好每一项工作，干好每一个项目，义无反顾，无怨无悔！”

作者 康从钦

中电国际胡布发电有限公司2×660MW燃煤发电项目

中电胡布燃煤电站

中电胡布已成为巴基斯坦俾路支省胡布镇人民真诚的好朋友。2017年以来，中电人把电厂变成了“福利中心”，兴建渔民码头、建设公益学校、翻修城镇干道、援助防疫物资，一系列社会责任公益行动，真切收获了民心民意。

中电国际胡布发电有限公司2×660MW燃煤发电项目（以下简称胡布项目）是中电国际“一带一路”沿线上控股建设的大型煤电项目，项目位于巴基斯坦俾路支省拉斯贝拉区，总投资约近20亿美元。

2017年3月21日，在项目所在地举办中电胡布2×660MW燃煤发电项目开工典礼；2019年10月21日，中电胡布在时任巴基斯坦总理伊姆兰·汗（Imran Khan）的见证下，举行了两台机组全面投运的商运仪式。项目自商运以来，截

中电胡布燃煤电站

至2021年10月已向巴国家电网累计供电超160亿千瓦时。

“俾路支省渔民有码头了!”

中电胡布项目附近有一个叫阿拉纳的渔村，生活着大约3000名村民，他们以海洋渔业为生，却因村里没有像样的码头设施，船只进出海及渔获装卸不便，收入颇受影响。中电胡布了解情况后，决定建造一座漂浮式渔民码头，以解决船舶停靠和卸货效率的问题，帮助当地渔民提高收入，改善生活水平。

经过多次实地考察，并与地方政府和渔民代表沟通，2018年1月25日，码头正式动工，11月建设完毕，2019年2月1日正式移交俾路支省渔业部。该码头为巴基斯坦第一座由企业赞助的漂浮式码头，事件登上了巴《黎明报》《新闻报》等媒体，他们撰文赞赏“俾路支省渔民有码头了!”

渔民在码头投用前后作业方式的改变

渔村村长古尔说：“在码头建设前，一两个人根本无法将渔船推到海里出海捕鱼，需要十来个人才能完成；而当我们打鱼归来时，将渔船推回岸上依旧十分困难。有了码头之后，我们可以把渔船停靠在码头并及时卸载，能短时间内再去出海捕鱼。这个码头对我们帮助很大!”

孩子们期待的公益学校

2017年初，中电胡布在周边地区及部分村落考察后，确定了合适的场所，准备兴建一所公益学校。用地申请流程经过俾路支省财务、税务、法务等12个部门和监管机构，于年底流转完毕并送至该省首席部长处。就在即将拿到批文的关键时刻，俾路支省首席部长离职，用地审批被迫搁置。

“承诺当地百姓的事，再困难也要办到，不能让穷苦学生失望。”自此，从巴基斯坦最大城市卡拉奇往返西部俾路支省首府奎达的支线小飞机上，便频繁出现了中电胡布人员的身影，他们开始全力跟进新政府对地皮的批复过程。

“螺旋桨飞机坐起来晃晃悠悠！”历经两年的空中颠簸，转眼来到2019年12月，正式批文在众人翘首以盼中终于下发。学校地基开挖的那天，周边的小朋友们三三两两赶来围观，憧憬着他们的美好未来。

巴基斯坦是世界第六大人口国，但学龄儿童失学率在全世界排名第二。教育的改善并非一朝一夕，需要更多的政府部门和企业参与到学校兴建的事业中，点亮一颗颗巴基斯坦未来发展的火种。

充当抗击疫情的领头羊

2020年，世界迎来一场没有硝烟的战役，在新冠肺炎疫情全球大流行的背景下，巴基斯坦确诊病例数在几个月内迅速攀升，携手抗疫、共克时艰成为主旋律。

在疫情刚刚暴发、防疫物资最紧缺的3月份，中电胡布自身的防护物资还不充裕。但还是积极组织资源，向巴基斯坦军方捐赠了口罩，又

2020年3月—4月，中电胡布向巴基斯坦捐赠抗疫物资。

向胡布镇政府捐赠了1000公斤喷雾消毒剂和数千只口罩。

为协助巴地方民众早日战胜疫情，中电胡布于4月、6月、7月多次向当地贫困家庭发放口粮，每袋物资都有几十斤重，里面装有面粉、大米、鹰嘴豆以及食用油、调料等，可以供一个三口之家食用一周，饱含了中电胡布对巴地方民众的支持与关爱。

当年7月26日，中电胡布收到来自远在北京的时任巴基斯坦驻华大使娜格玛纳·哈什米女士（Naghmana A. Hashmi）的感谢信，她盛赞中电胡布在巴基斯坦抗击新冠肺炎疫情斗争中给予的慷慨帮助以及作出的卓越贡献。

履行社会责任受到巴各界认可

中电胡布“离岸式”防波堤及海洋生态系统

2020年1月22日，巴基斯坦国家环境与健康论坛（NFEH）2020年第十二届企业社会责任峰会在伊斯兰堡举行。此次峰会中，中电胡布在“社区发展与服务”“教育和奖学金”“筹款与灾难管理”三个方面获得奖项，巴基斯坦前总理气候变化顾问马利克·阿斯拉姆（Malik Aslam）、巴基斯坦前海事部部长阿里·扎伊迪（Ali Zaidi）分别为中电胡布颁奖。这代表着中电胡布的社会责任已经被巴基斯坦社会所认可。

经过多年的实践和努力，中电胡布坚持把项目建设为中巴两国的“友谊工程”“民心工程”，不仅为当地来带显著的经济效益，而且也改变了当地的面貌，树立起良好的中资企业形象。

作者 刘震宇 梁 策

人物故事

荒地上的电厂建设者：巧妇偏为无米之炊

中电胡布燃煤电站倾注了许多中国电力人的心血，裴昌龙是其中的一个。他曾在“单机甲中华”的安徽平圩发电公司工作了25年，是公司电力建设领域的专家，同事们都亲切地叫他“老裴”。

2016年，老裴被任命为中电胡布发电公司工程部经理，承担项目建设最为关键部位的工作。电站计划建设期30个月，这么紧张的工期即使在资源完备的中国国内也极具挑战。老裴已经50多岁，还要背井离乡到国外搞基建，爱人坚决反对。为了让自家“领导”批准，老裴没少动心思，又解释，又保证，好不容易才征得了同意。

中电胡布发电公司工程部经理裴昌龙

老裴做好了开工前的筹备，准备大干一场，但来到项目所在地一看，傻眼了。中电胡布项目位于阿拉伯海边的盐碱地上，是一大片不毛之地。缺水、缺电、缺物资，要拉着一帮兄弟“平地起高楼”谈何容易。

当时，由于巴基斯坦部分道路戒严，给工地送水的车辆没有办法进场，老裴只得带领着手下40多位工人，10多天不洗澡，用这样的方式节省用水，保证工程的正常进行。“不要说洗澡水，喝的水也没有。”老裴跑遍了周边的十几个村庄，直到在20公里开外的胡布小镇才找到一家淡水供应商，又几经辗转，在卡拉奇市里买了20多个柴油发电机，勉强维持了生产生活的基本用电。当地建材缺少，给施工带来了极大困难，沙子要从50公里以外买来，水泥要从100公里以外才能买到……老裴和同事们迎难而上，不知攻克了多少困难。

期间，他不幸患上了肠道感染，同事们身体状况也出了不少问题不得不入院治疗。而这些，老裴从来不对妻子说。他说，出门在外，报喜不报忧，还是让家人少一点担心为好。给当地人民送上高质量的电力，给他们带来光明，是一项光荣的任务，必须要“以钉钉子精神抓下去，脚踏实地干起来”。

直到主厂房钢结构开始吊装、锅炉钢结构开始吊装、烟囱外筒施工高度一步步攀高，电厂终于建成了。老裴说，那是他人生中最开心的时刻。

作者　金二学

三峡巴基斯坦风电项目

巴基斯坦风电二期、三期

根据巴基斯坦制定的清洁发电目标，到2025年，该国可再生能源的发电占比将从目前的6%提升至25%，到2030年将进一步提升至30%。为了帮助实现这一目标，中国企业正将风电等清洁能源引入巴基斯坦。三峡巴基斯坦风电公司总经理孙强成为探路人。

初入巴基斯坦

2016年，一个偶然的机会，孙强在网络上看到三峡集团在巴基斯坦风电二期项目的招聘信息。彼时的他对中巴经济走廊还了解尚浅，只知道“一带一路”。在6月15日正式入司并完成培训后，孙强于同年8月1日踏上巴基斯坦的大地，开始了巴风二期项目建设的准备工作。

三峡巴基斯坦风电二期项目位于巴基斯坦信德省塔塔区贾姆皮尔村，包括两个风场，总装机容量99兆瓦，共 66台1.5兆瓦风力发电机组。项目于2017年3月开工，孙强就是最早一批投入前期工作的探路人。

在飞机落地卡拉奇真纳机场的时候，他被机场落后的基础设施震惊了，怎么也没办法把它和从百度上查询来的几十年前亚欧大陆中转站联系起来。而随后从机场到项目现场的路上经过巴基斯坦最主要的一条高速公路——M9公路，更令他印象深刻。

孙强回忆：“当时高速路上到处是坑洼，有很多公路损毁的地方，在双排两车道上，车辆也只能开到60迈、50迈。而从高速下来到项目现场，更是完全的土路，没有公路，感觉像在穿越戈壁滩，然后才能到项目现场。”

但近五年里，孙强说，通过中巴经济走廊的建设，无论是机场，还是高速公路、道路……巴基斯坦的基础设施都已经发生了很大的改观。

“高速现在已经是双向六车道了，崭新的道路，大量的车流，快速的运输。从高速下来以后也有了崭新的柏油路，可以直通我们的项目现场。”孙强感慨地说，“原来我从机场到项目上可能需要三个小时，现在一个小时到一个半小时就可以到达！”

2017年，三峡巴风项目向周边村民捐赠物资时，孙强与村民合影。

从“零”开始建风电

在异国推进大型风电项目的建设绝非易事。在开展巴基斯坦风电一期项目建设时，相当于从“零”开始，因为当时的巴基斯坦市场上没有任何满足风电施工要求的施工设备，没有可靠的基建材料供应商，甚至没有有经验的本地劳动力。在这种情况下，他们只好先从国内带来大批物资、设备和施工工具。

“在这个过程中，我们一点点地跟供应商谈，使他们提高生产工艺、生产标准，生产满足我们施工要求的建材材料。同时我们也为当地培养了一批具有较强技术能力的劳工，来充实到项目中去。通过中方团队的培训，最后完成了一期建设。”孙强回忆道。

而到风电二期建设时，随着设施、人才、技术的陆续引进，巴基斯坦的风电市场已相对成熟。伴随风电项目的大规模市场化推进，到了二期项目，中巴能源合作各方面水平不断提升，进一步促进了当地电力市场的良性发展。

在“编队出海”的战略引导和多方的共同努力下，当前风电项目装机达15万千瓦，年均发电量约4.3亿千瓦时，可以满足当地150万个家庭约一年的用电量。

项目所在地原本是卡拉奇十分贫困落后的地区，风电项目的投资为当地创造了大量就业机会，有效改善了当地村民的生活条件。“项目在建设高峰期为当地创造了约800个就业岗位。进入运营期，项目仍为当地提供约150个就业岗位，这

2018年，三峡巴风项目向当地学校捐赠新课桌，孩子们正用新课桌上课。

其中包含了大约40个工程师类型的技术型岗位，以及110个左右的负责日常运营的服务型岗位。”孙强说道。

教善若水，润泽天下。“通过巴风项目的成功建设运营，我们也为巴基斯坦风电行业培养了一大批建设运营方面的专业人才，很多参与过我们一期建设的当地工程师已经成为其他本地投资风电项目的骨干力量。”

中巴员工一家亲

巴基斯坦是伊斯兰国家，其文化风俗与生活习惯与中国有较大差异，这对于赴巴工作的中国员工来说，多少有些不便。在巴基斯坦工作期间，除了公司每周举办的乌尔都语、汉语教学外，每逢当地的节假日，中、巴方员工便会聚在一起，举行一些简单的庆祝活动。孙强说，中国员工最喜欢参加的就是具有当地民俗特色的庆祝活动。

“在双方的国庆节期间，特别是在项目建设高峰期，中、巴方团队很多人在

2020年，三峡巴风项目向风电场周边村民发放开斋节食物礼包。

项目现场，不能休假，我们就在现场举行升国旗奏国歌仪式。在异国他乡参与这种活动，我们都十分自豪！也深深感受到中巴友谊的牢固深厚！”

而巴方员工也对来自中国的同事印象深刻。三峡巴基斯坦风电公司首席财务官阿迪勒·阿什拉夫（Adil Ashraf）说：“事实上，在我的职业生涯中，我在不同的公司和不同国籍的人合作过，包括欧洲人和阿拉伯人，但和中国人一起工作还是不一样的，尤其是中国同事的自律给我留下了深刻的印象。”

参与风电项目的巴方员工很多有中国留学背景，他们十分支持“一带一路”倡议，特别是中巴经济走廊建设，参与这些项目让他们倍感自豪。

“我们本地员工的离职率非常低，远低于同类企业平均水平。”孙强称，目前公司已经实现了相当高的属地化，“巴方员工的占比达到全公司员工80%以上，很多核心部门都是由巴方员工主管、统筹安排和运营。”

2020年，三峡巴风项目向特达地区政府捐赠防疫物资。

疫情期间实现“零病例”

自2020年伊始，新冠肺炎疫情在全球范围内暴发，无疑为风电项目的运营带来巨大挑战。

“我记得特别清楚，2020年2月26日，巴基斯坦首例确诊病例出现以后，按照制定好的防疫预案，我们所有中方团队人员第二天就迅速从卡拉奇办公室转移至项目现场办公。同时我们项目现场立即封闭管理，卡拉奇办公室关闭，所有的巴方员工居家办公。”透过孙强的陈述，依然能让人清晰地感受到当时的紧张气氛。

孙强告诉我们，因为那时候疫情在巴尚未大流行，很多当地员工不能理解疫情的严重之处，但他十分清楚其中利害，于是花了大量心思向员工解释防疫政策的必要性。

“在员工的充分理解和积极配合下，项目至今没有出现一例确诊病例，疫情期间也没有停机，保障了电力的持续供应。”

作者 陈 蕾

人物故事

三峡巴基斯坦风电项目财务“掌舵人”：为中巴友谊贡献绵薄之力

“感谢中国朋友对巴基斯坦的无私帮助和支持，中巴经济走廊给巴基斯坦带来了实实在在的利益，能为中巴经济走廊项目服务，我将倍感荣幸，这不仅是为中国企业服务，更是为巴基斯坦国家建设服务。”这是阿迪勒·阿什拉夫（Adil Ashraf）参加三峡风电项目面试时的一番肺腑之言。

现年41岁的他，任三峡巴基斯坦风电公司财务总监。2002年从卡拉奇大学商科学士毕业，在工作期间继续攻读卡拉奇大学经济学硕士；同时是特许会计师（FCA）和注册内部审计师（CIA），在巴基斯坦和海湾地区的国家和跨国组织中拥有超过15年的工作经验；曾在安永会计师事务所任审计主审6年，负责巴基斯坦和沙特等国家相关审计工作……这是阿什拉夫的履历表上浓墨重彩的描述。据了解，他在雷恩能源公司和印度河风电公司均曾任职高级财务管理人员，具有丰富的新能源领域工作经验，并在会计、财务、税收和管理等方面取得过不少亮眼的成绩。

三峡巴基斯坦风电公司财务总监阿迪勒·阿什拉夫

事实上，阿什拉夫很早就接触到了中巴经济走廊项目，他对中巴经济走廊的发展有着深刻的认识，他认为，中巴经济走廊不仅助力巴基斯坦吸引来自中国和其他国家的投资，而且可以促进交通、工业和贸易等领域的建设，创造更多的发展机会，特别是可以满足巴基斯坦对能源和基础设施等关键领域的需求，也可以增加巴基斯坦民众的就业机会。

一直以来，就像其他发展中国家一样，巴基斯坦面临着人才流失的困境。由于该国缺乏机会，专业人员在接受良好的教育后便离开了自己的国家，前往更为发达的中东、欧美地区寻找发展机会。然而，基于中巴经济走廊项目的实施，包括阿什拉夫在内的很多巴基斯坦人的心中重新燃起希望，阿什拉夫毅然放弃了移居国外的想法，决心为自己的祖国建设贡献力量。

2020年，巴基斯坦新冠肺炎疫情形势严峻，卡拉奇作为巴基斯坦最大城市和经济中心，人口稠密，疫情扩散迅速。阿什拉夫作为财务部主管领导，以身作则，身体力行，合理调度和安排财务部和相应外部工作。

财务工作涉及与银行的大量结算和收支业务，虽然项目公司倡导居家办公，但不能满足公司正常运转需求，财务人员必须前往办公室和银行现场处理相关事务。阿什拉夫带领公司财务团队，严格遵守公司防疫规定，履职尽责，在疫情最严重的阶段仍坚守工作岗位，为保证风电项目平稳运营作出了极大的牺牲和贡献。

偶尔，财务部部分员工会抱怨："大家都居家办公，避免前往人员密集场所，为什么唯有财务部还值班、加班、甘愿冒风险？"他总是用他特有的语调和标志性动作，微微上扬一下头，使他乌黑的络腮长胡显得更加浓郁，不紧不慢又略带严肃地说："公司越是困难，越能体现我们对于公司的真正价值；在巴基斯坦最困难的时候，中国的同事们能与我们风雨同舟，我们没有理由不更加努力，加倍付出。"

中国发展改革报社记者 公 欣

巴基斯坦苏基克纳里（SukiKinari）水电站建成后效果图

SK水电站

SK水电站〔Suki Kinari (SK) Hydropower Project，又译苏基克纳里水电站〕是中巴经济走廊第一批优先项目清单中的重点项目，由中国能建葛洲坝集团以“投资—建设—运营—移交”的方式进行建设。作为中巴经济走廊第一阶段能源类代表项目，SK水电站也是中国企业在境外绿地投资的最大水电项目。

项目位于巴基斯坦北部开伯尔—普什图省曼塞拉地区的昆哈河上，距首都伊斯兰堡约250公里，总投资额约19.6亿美元，于2017年正式开工建设。电站将安

SK水电站工程开关站

装4台冲击式机组，总装机容量为884兆瓦。按照计划，SK水电站将于2022年底完工。项目建成后，每年可为巴基斯坦提供32亿千瓦时的清洁电能，助力巴基斯坦电力能源结构优化，有效缓解能源紧缺问题。

中方管理人员，该项目公司董事长兼总经理何雄飞介绍，“SK水电站工程进度已完成70%左右。主体工程进入全面建设阶段，首部枢纽二期截流顺利完成，大坝填筑有序推进，引水隧洞开挖支护将于年底基本完成，厂房土建工作已进入收尾阶段，（发电机）机电安装工作已全面展开。”

2019年9月28日，大坝完成一期截流。曼塞赫拉巴拉果德地区助理专员穆罕默德·哈米德（Muhammad Hamid）表示，SK水电站项目已为当地创造大量就业机会，建成投产后不仅将进一步缓解巴能源短缺问题，大坝等景观还将促进当地旅游业发展。

作为合作方的外方管理人员，该项目水电动力有限公司副总经理丹麦表示，项目给当地民众及经济发展带来的好处一目了然，“SK水电站项目对当地民生起到积极的作用，项目给当地百姓提供了重要的就业机会。除了工程师外，我们在项目所在地先后雇用了超过5000名熟练技术工人和非熟练工人。此外，有上千名中国人在这里工作，带来了显著的经济影响。一旦建成，SK水电站不仅将为巴基斯坦人民提供可靠、清洁的能源，还将为该地区的经济发展做出巨大贡献。”

自2016年12月开工建设以来，SK项目公司已累计实施了重大社会责任建设活动14项，涵盖教育、医疗、供水、供电、道路、灾害救助等领域。

新冠肺炎疫情发生以来，建设者们抱着积极的心态来应对疫情带来的影响。700多名中国建设者和2700多名巴基斯坦工人在做好防疫的前提下，加强现场施工组织，合理配置资源，尽可能减少疫情对工程进展的影响。2020年4月15日，项目成功启动压力竖井群反井钻机钻孔施工，标志着世界最深压力竖井群正式进入施工阶段。

在此后一年多的时间里，项目团队全力克服极端天气、恶劣地质、疫情蔓延等外部困难，一手抓疫情防控，一手抓稳产高产，加快推进防渗墙施工、溢洪道浇筑、围堰填筑等大坝截流前置工作。2021年4月，二期截流顺利完成，为项目

SK水电站项目的巴基斯坦建设者

投产发电打下了又一坚实基础。

2021年是SK水电站项目进度攻坚的关键之年。何雄飞说："面临着疫情防控、施工生产的双重压力，我们始终坚守项目一线，创新管理思路，克服不同地理地域、风俗文化、信仰理念的困难，坚持疫情防控和生产经营'两手抓、两手硬'的原则，发挥联防联控机制，带领水电站全体员工凝心聚力，克难奋进，做实'网格化''封闭化'管理，加强物资储备、防疫措施、防疫宣贯、筛查检测、应急管理、关心关爱，推进全员疫苗接种，在严峻的疫情形势下确保了项目的持续生产。"

作者　王　凯

人物故事

他是中巴经济走廊建设者
他是共建“一带一路”见证人

SK水电私营有限公司副总经理 丹尼斯·哈西布·汗

2021年开春，在巴基斯坦开伯尔—普什图省曼塞赫拉区昆哈河畔，中国能建葛洲坝集团投资建设的SK水电站施工现场，各种大型施工机械设备有序运转，机器轰鸣声不绝于耳，各作业施工队和浇筑班组各司其职、干劲十足。SK项目于2016年12月31日实现融资关闭，该项目是目前巴基斯坦最大的私营水电项目，也是中巴经济走廊的第一座水电站项目，意义重大，预计2022年投入运营。

“我在SK水电私营有限公司见证了中方与巴方员工的共同努力，中巴两方相关政府部门也为了同一目标的实现精诚协作，SK项目所有人的行动就是共建‘一带一路’的真实写照，也是中巴两国之间历史友谊的最好见证。”SK水电私营有限公司副总经理丹尼希·哈西布·汗（Danish Haseeb Khan）感慨道。

丹尼希与SK项目可谓渊源颇深。2005年他加入SK水电项目时，英国莫特麦克唐纳有限公司正在对SK项目进行可行性研究，丹尼希当时是监督小组的成员，负责向巴基斯坦国家电力监管局提交可研阶段及EPC阶段的电价申请。丹尼希牵头SK水电私营有限公司团队就特许经营协议（包括购电协议、用水协议和执行协议）与巴政府机构进行协商谈判，并与融资行（中国工商银行和中国进出口银行）讨论并敲定融资方案。

疫情期间给当地居民捐赠生活物资。

“在推进融资关闭的过程中，我们遇到了许多难题，但都通过团队成员的协作一一克服了。”丹尼希告诉记者，他记得当时巴方团队完成征地文件和注册文件时，距离政府要求的融资关闭截止日期已经很接近了。“我很担心融资关闭之前不能走完这一流程。然而，SK水电私营有限公司的中方团队及中国借款机构加班加点不知疲惫地及时跟进所有流程，使中巴经济走廊的重要项目得以按时完成融资关闭，这样的‘中国速度’着实令我惊叹不已。”丹尼希表示。

在丹尼希的印象中，整个项目的施工建设期，SK水电私营有限公司一直坚守着对水电站所在地居民的社会责任。“中巴经济走廊并不仅是建设项目，还要为项目区域人民谋福利。”丹尼希一直记着中国同事的这句话。

本着这一目标，2018年，SK水电私营有限公司在水电站所在地的学校中组织了“共绘家乡美”少儿绘画比赛，一年级至五年级的孩子们纷纷拿起画笔，描绘愿景，将想象力与现实结合，发掘当地文化的独特魅力。共32所学校的100个孩子参加了这次绘画比赛，最终20个孩子获奖。2019年，SK水电私营有限公司在项目建设区域举办了“SK畅想杯”英语演讲比赛，27所学校参与比赛，25名学生获奖。

由于新冠肺炎疫情肆虐，2020年对全世界人民来说都很艰难。在巴基斯坦，成千上万人感染新冠肺炎，导致学校和企业纷纷关闭。为保证项目建设的同时，

疫情期间给当地居民捐赠生活物资。

SK水电私营有限公司努力克服了包括通讯及交通管制等重重困难。“尽管我们自身在项目建设方面面临诸多困难，但我们仍然没有忘记水电站所在地居民的疾苦。”丹尼希真诚地说道。

2020年3月，SK水电私营有限公司向水电站所在地的困难家庭发放粮食、口罩、防护服等生活物资，帮助他们共渡难关。同年11月，公司开展“呵护友谊之花 传承中巴友好”助学活动，给水电站所在地的10所学校100余名学生赠送了学习用品和御寒衣物。公司每年坚持与开伯尔—普什图省林业局和能源局开展联合种树活动，2021年3月初，在水电站种下1500棵树苗，共建绿色环保电站，维护昆哈河畔的生态环境。疫情期间为巴基斯坦提供了近5000个就业岗位。

中国发展改革报社记者 公 欣

巴基斯坦默蒂亚里—拉合尔±660千伏直流输电项目拉合尔换流站全景

默拉直流输电项目

2021年9月1日，中国国家电网公司投资建设的巴基斯坦默蒂亚里—拉合尔±660千伏直流输电项目（以下简称默拉直流项目）正式投入商业运营，标志着巴基斯坦迈入了高压直流输电的新时代。

默拉直流项目由中国国家电网公司下属全资子公司中电装备公司在巴基斯坦设立的默蒂亚里—拉合尔输电有限公司开发建设，采用BOOT（建设—拥有—运营—移交）模式运作，总投资16.58亿美元。项目建成后可将巴基斯坦南部的电力大规模输送至巴基斯坦负荷中心，满足巴基斯坦特别是旁遮普省及伊斯兰堡地区供电需要，为当地经济的持续快速发展提供保障。同时，在建设及运营期间，该项目将为当地创造5000～7000个工作岗位。

作为中巴经济走廊“优先实施”项目清单下唯一的输变电项目，默拉直流项目是国家电网服务“一带一路”建设的重要举措，是中国在国际工程建设领域“战疫情保建设”的重要成果。

时间拨回到2020年10月1日6点28分，在默拉直流项目的默蒂亚里换流站营地，鲜艳的五星红旗伴随着旁遮普省的第一缕朝阳缓缓升起，坚守海外工作岗位的全站223名中方建设者肃穆而立、共唱国歌，一张张面庞写满坚毅。

在中国的国庆中秋“双节”期间，坚守在默拉直流项目现场的中方建设人员共834名，他们中的很多人，已经不是第一次在海外度过国庆和中秋节了。

“海外工程没有常规节假日，我们早已习惯了。”项目经理汪波说。每一个情系祖国、思念家乡的日日夜夜，他们在几千公里之外的异国他乡，用艰辛的劳动为“一带一路”建设努力添砖加瓦，用坚守海外扎根一线的每一分钟向祖国送上

默拉直流项目现场升国旗唱国歌，庆祝新中国成立71周年华诞。

最长情的告白。

从拉合尔到海得拉巴，他千里走单骑

2020年5月6日夜晚，默拉直流项目副经理马德胜一个人驱车1200多公里从拉合尔赶赴海得拉巴，这已经是他数不清第多少次行驶在默拉直流工程沿线的路上。

此前，海得拉巴供电公司因疫情关闭，导致和接地极线路交叉跨越的132千伏线路改造工作彻底停滞，如果不及时解决，将直接影响线路I标的施工进度。在航班停航、司机短缺、疫情蔓延的情况下，马德胜独自驱车赶赴项目现场，协调巴方督促开展线路测量，落实改造方案。受疫情影响，当地所有酒店停业，马德胜只能连续几日在车内吃住，直到问题成功解决。“这是我们在巴基斯坦工作的常态，艰苦不艰苦已经不是这个时候考虑的问题。”马德胜一路风尘仆仆回到驻地，马上又投入到新一轮的工作中。

马德胜拜访巴方有关单位人员，协调解决线路施工问题。

云上作业，跨越时差展开数轮国际磋商

2020年7月20日，默拉直流项目拉合尔换流站取得了第三方工程师发出的互联准备就绪证书，标志着拉合尔换流站交流系统具备带电条件，启动了工程整体系统调试的第一步，换流站交流部分正式由建设安装阶段过渡到系统调试阶段。

这一步的迈出来之不易。项目团队克服疫情导致的断航、封城等不利影响，克服当地高温、基础设施落后、电网网架薄弱等困难，克服电气试验程序与技术标准的差异，与意大利第三方工程师开展了多轮技术澄清会议。项目总工程师常勇回忆，在讨论安稳研究报告审批问题时，开过一次视频会，与会人员分别位于4个国家（中国、巴基斯坦、加拿大、美国）、7座城市（北京、南京、许昌、拉合尔、多伦多、温尼伯、洛杉矶），横跨太平洋，时差12个小时，这一次会议连

开了4天，而这样的会议开了不知多少次。

默蒂亚里换流站现场夜间施工。

挑灯夜战，千方百计抢进度

默蒂亚里换流站八九月份的夜晚，施工现场仍然是一片繁忙景象，加班加点赶进度，默站换流变区域消防及消防提升工作有条不紊地开展。

该区域处于进度关键路径上，集中了BOXIN 施工、消防喷淋管道安装、油池隔栅安装、卵石铺设、火灾报警系统安装及消防提升管道施工等作业，各工序相互影响。此前相关设备物资到货晚，又赶上当地70年一遇的暴雨，对施工进度造成了很大影响。如何合理调整施工工序，在保证安全质量前提下，最大程度实现流水作业，抢回耽误的工期，成为摆在项目部面前的头等大事。

项目部组织夜间轮班、下雨间隙见缝插针安排施工，全体参建人员发扬“五加二”“白加黑”精神，将原计划在40天完成的工作仅用了20天就全部完成，为换流站具备直流站系统调试条件夯实基础。

沙漠施工、水中架线，他们苦干加实干

作为巴基斯坦“南电北输”的大动脉工程，默拉直流项目涉及输电线路886公里，分为8个施工标段。沿线自然环境复杂，断续穿越500多公里沙漠地区，还有部分经过水稻田地区，架线跨越多，施工难度大。

为了全面了解两端选站、线路路径等关键控制点的信息，施工人员从头到尾将这条近900公里的线路“跑”了一遍，收集了沿线的相关资料。线路7标段负责人周全会介绍：“项目部高度重视施工安全，提前策划详实方案，每天严格落实技术、安全措施全员交底，也为施工人员准备了充足的常用药品和防暑降温物品，但现场条件之苦、困难之多，确实超出想象。”

中巴建设者水中架线施工。

每年的7月至9月为巴基斯坦雨季，2020年的降水强度达到70年来最高，地面积水严重，大量的架线放线工作需要工人蹚水在中进行。皮肤在水中泡发，水中

蚊虫叮咬，很多工人起初并不在意，抹上药膏又继续下水作业，导致伤口反复发作化脓。周全会回忆："无论中巴员工，所有人都轻伤不下火线，十分令人感动。"

不畏高温"烤"验，汗湿全身顶硬上

巴基斯坦地处南亚热带板块，号称世界上最热地区之一。5月起，日最高温度均超过40℃，施工现场气温最高达到57.3℃。为防止现场人员中暑，现场随车携带防暑降温药品和冰桶，在固定作业点搭设遮阴棚，但也只能保证安全，高温对人体的折磨无法避免。线路安全质量管理人员杨万峰介绍："早晚间温度也在32℃左右，50℃以上的高温就像把脸贴到电暖气上，烫不着，但是面部有快被灼伤的感觉。因为出汗太多，口罩是湿的，有种窒息的感觉，但为了防疫安全，也不敢摘口罩。"

默拉直流项目施工现场最高温度达57.3℃。

线路5标段现场经理孙德新在电力行业从事施工管理近20年，先后在埃塞俄比亚、缅甸等国家工作过，他表示："在巴基斯坦这两年，遭遇高温、疫情等种种困难，辛苦更胜以往，但是风雨之后才能见到彩虹，胜利即在前方。"

2021年9月30日，中巴经济走廊默拉直流项目竣工仪式在巴基斯坦首都伊斯兰堡举行。这条巴基斯坦南北能源"大动脉"，是该国电压等级最高、输电容量最大、输送距离最远的输电大通道，成为中巴两国在能源领域互利共赢的生动实践。

默拉直流项目线路3标段导线压接后测量检查，施工人员汗湿全身。

建设期间，默拉直流项目为当地创造了7000个就业岗位。投运后，将为当地近1000万户家庭提供稳定优质的电能。

作者 张 娜 廖一帆

人物故事

瓦塞姆的“小心愿”：中巴经济走廊为巴基斯坦人民带来更多福祉

出生于巴基斯坦北部Ronyal小镇的瓦塞姆·阿克拉姆

出生于巴基斯坦北部Ronyal小镇的瓦塞姆·阿克拉姆（Waseem Akram）与中巴经济走廊结缘已有八年。2013年，瓦塞姆从白沙瓦工程与科技大学毕业后加入中国电力技术装备有限公司（简称中电装备），全程参与默蒂亚里—拉合尔±660千伏直流输电工程（以下简称默拉工程）施工，具体负责靠近拉合尔侧237公里输电线路建设阶段的对外沟通、安保协调和新员工培训等工作。

项目开始施工时，瓦塞姆已有了一位漂亮的女朋友，准备在2018年末结婚。

而此时输电线路恰好处于紧锣密鼓准备阶段，为了工作，瓦塞姆将婚期推迟3个月；项目一旦开始就无法停下，而瓦塞姆的婚期3个月后又是3个月，这一推两推，就推后2年多。

对于输电线路建设来说，最难的部分不单在于施工条件苛刻，更重要的是与当地居民沟通，以获得路权。为了更高效地获得地主同意，瓦塞姆每天不是在与地主沟通，就是在去地主家的路上。期间，瓦塞姆不断向当地居民宣传默拉工程对巴基斯坦的重要性，在瓦塞姆的努力下，默拉工程赢得了当地居民的广泛称赞，他们一致同意施工人员进入其土地开展施工作业。也是基于此，默拉工程成为巴基斯坦为数不多能够按期完工的输电线路工程。

瓦塞姆在项目施工现场。

2020年，新冠肺炎疫情的暴发对默拉工程建设造成不小的冲击。关键时刻，瓦塞姆积极响应中电装备公司号召，疫情期间吃住在工地；另一方面，在公司组织的培训课上瓦塞姆认真学习贯彻疫情防疫精神。疫情期间，瓦塞姆与中电装备公司派出的医生一起，到施工区组织巴方工人学习抗疫知识，巡查当地工人施工期间防疫准备情况。得益于瓦塞姆这样的巴方员工，项目建立起中巴双方员工沟通的纽带，在积极防疫的同时，项目顺利完工。

作为一名工程师，瓦塞姆已经有了6年以上的输电线路工程经验，对于默拉工程建设，他也表现出浓厚的兴趣，不断研究施工图纸，学习中方架线先进的施工方法；默拉工程是巴基斯坦首条跨越500千伏运行线路的项目，瓦塞姆在看到无人机巧妙地跨越农田、132千伏、220千伏、550千伏输电线路时，跑上跑下了解各个细节，不断向中方技术人员请教计算过程……项目结束后，瓦塞姆表示自己学到了很多新的技能。

作为巴方员工代表，瓦塞姆获得参建人员的一致好评，也赢得当地人民的赞誉，他每天盼望着中巴经济走廊能为巴方人民带来更多的福祉。

中国发展改革报社记者　公　欣

巴基斯坦塔尔煤田II区块2台330MW循环流化床燃煤电站全景

巴基斯坦塔尔煤电一体化项目

干一个工程，交一方朋友，树一座丰碑——国机集团中国机械设备工程有限公司（以下简称中设集团）承建的巴基斯坦塔尔煤电一体化项目积极建设民生工程，奏响了一曲“一带一路”上的动人乐章。

巴基斯坦塔尔煤田II区块露天煤矿全景

缘起

巴基斯坦多年来一直依赖进口能源，很多早期建设的电站都严重依靠进口重油发电。每年巴政府要花费大量外汇从海外进口石油进行发电，这也产生了巨大的贸易逆差。中设集团副总裁方彦水解释，巴基斯坦缺少天然气和石油，故而本土煤炭资源显得尤为重要，开发煤炭资源也成了当地人的夙愿。

全球第七大煤田塔尔煤田坐落在巴基斯坦信德省东南部塔尔沙漠地区。据巴基斯坦地质调查局（GSP）估算，塔尔煤田储量约占巴基斯坦煤炭资源量的94.86%。“塔尔煤田的开发不仅有助于解决巴国内严重的能源短缺局面，还可以节省大量外汇，使国家能源安全得到保障。”方彦水说。

“巴基斯坦塔尔煤电一体化项目是中巴经济走廊首个落地的本地煤电项目，也是巴基斯坦这几十年来一直梦寐以求想开发的本地能源的一个重点。随着‘一带一路’倡议的实施和中巴经济走廊的落地，政府为我们提供了金融、互联互通等多方面的支持，促使项目落地。”中设集团巴基斯坦塔尔煤电一体化项目经理李侃表示。

克难

与丰富的煤炭资源形成鲜明对比的是恶劣的自然条件—这也是塔尔煤田自1991年发现以来一直沉睡在地下，没有进行开发的原因。方彦水透露，巴基斯坦曾与其他国家进行过不少开发尝试，但是并未成功。

所幸，“一带一路”倡议的实施成为唤醒这座沉睡地下数十年的能源保障。2015年，中设集团建设团队进驻，开启了巴基斯坦能源的塔尔之梦。这一项目，成为了中巴经济走廊乃至整个巴基斯坦煤电一体化项目的典范。

塔尔沙漠位于巴基斯坦信德省东南部，是地球上气候环境最为恶劣的地方之一。李侃直言当地“连公路都没有，更别谈吃饭、用水、用电、通讯”。

塔尔煤电一体化项目现场经理王庆祝谈起彼时彼景仍历历在目：“放眼望去就是茫茫大漠，高温少雨，风沙特别大。附近没有任何的城市，所有生活物资、建设物资只能从几百公里以外采购，给项目建设带来极大的难度。”

巴基斯坦塔尔煤电一体化项目

功成

尽管困难重重，但在建设团队的科学管理、精心组织下，项目有条不紊地顺利推进。

煤炭作为传统能源，在开采和燃烧过程中不可避免将对环境造成一定程度的破坏和污染，这对塔尔沙漠脆弱的生态环境更是严峻的考验。2016年，面对当地媒体和老百姓对煤炭开发造成环境污染的质疑和担忧，中设集团积极践行“一带一路”绿色的、可持续发展的理念，与巴基斯坦业主和塔尔基金会协同合作，打造出“绿色花园式”的塔尔煤电一体化项目，不仅让巴方业主十分满意，而且让多次莅临现场考察的德国、澳大利亚和中国专家赞不绝口。

据现场副经理叶万青介绍，塔尔煤电一体化项目是中设集团首个采用两台机组同时施工模式的项目，在境外项目中很少见。“在我们与施工单位的默契配合下，全体项目部成员齐心协力、合理规划、科学施工，创造了塔尔煤电一体化项目整体提前两个月移交的奇迹！”

历经1000多个日夜连续奋战，塔尔煤电一体化项目于2019年7月9日实现正式移交并投产运营，得到了巴基斯坦业主方的高度认可。塔尔煤矿业主负责人艾哈迈德·纳伊姆·帕萨（Ahmad Naeem Pasha）对项目称赞有加："我们的合作顺畅无比！我们成功了！"

余福

塔尔煤电一体化项目的建成和运营，不仅促进了巴基斯坦自身能源的供给平衡，也为塔尔周边民众提供了大量工作机会，更为众多当地工人培训了专业技能，大大提升了当地居民的生活水平。

女卡车司机就是项目现场的一道亮丽风景线。莫伊尼（Mohini）之前是家庭主妇，听说项目现场可为女性提供工作机会后，便来面试培训上岗。"我通过了矿产卡车的培训，现在能挣很多钱，家庭状况得到极大改善。"

巴基斯坦塔尔煤电一体化项目

中设集团在当地招聘了矿山设备操作手等众多工程建设者，这些巴籍工人曾经都是当地的农牧民，经过培训后上岗，生活发生了翻天覆地的变化。“我们刚来的时候，当地人都是走路上班，但现在，很多电厂员工都骑摩托车上班。”中设集团巴基斯坦子公司总经理吴光回忆道，“车太多了，我们还为此修了一个停车场。”

“我们还跟当地政府、合作伙伴一起做公益，和当地人打成一片。”李侃说。塔尔电站业主负责人法汉·安萨里（Farhan Ansari）将中设集团的项目人员称作自家人，并表示“项目完结不是终点，他们为当地居民带来的远远不止这个工程。”

中国经济网记者　刘其瑜

人物故事

塔尔项目中的中国师傅与洋徒弟

在巴基斯坦塔尔露天煤矿项目现场，一群当地员工在中国师傅带领下，从“放羊娃”成长为拥有一技之长的技术工人。这样的故事，在塔尔露天煤矿项目现场还有很多，这只是国机集团在“一带一路”建设中，增进文明互鉴和民心相通的一个缩影。国机集团一直大力践行“一带一路”倡议，经过多年的发展，在“一带一路”沿线国家和地区具备深厚的市场基础和良好的品牌形象，为促进项目所在国经济发展、技术进步，提高人民生活质量，增进相互友谊，实现合作共赢，贡献着国机的力量。

巴基斯坦信德省塔尔煤田二区块褐煤露天矿项目，是“一带一路”重要先行先试项目“中巴经济走廊”的重点项目。国机集团中国机械设备工程股份有限公司（简称CMEC）以总承包商身份承担了该项目的设计、施工及设备采购等工作。不过，在项目现场，除了远道而来的中国人，还活跃着一群巴基斯坦当地员工。他们大都是土生土长的塔尔人，在项目建设前就是一群“放羊娃”。仅仅一两年时间，“放羊娃”

CMEC设备部焊修工程师曹加影（左三）现场教学。

成长为拥有一技之长的技术工人，成为自己家庭的依靠甚至村镇的骄傲。每次提起来，他们都会开心地笑着，翘着大拇指说："因为我的中国师傅，棒!"

中国师傅，OK啦!

CMEC设备部的焊修工程师曹加影，手下管理着8个巴方焊工，也相当于收了8个洋徒弟。

刚看到这群年轻人时，曹加影的头都大了。"他们以前都是放羊的孩子，有的刚接触焊修没多久，有的设备摸都没摸过。"不过，曹加影是个不服输的人，"既然来了，就都是我的徒弟，那就得好好教他们!"基础不行，就从最基本的教起。从怎么拿焊把，到怎么焊一条直线，一切从头开始。

曹加影为大家的付出，洋徒弟们都看在眼里，暖在心上。因为言语不通，"OK啦!"和"No OK!"这两句话几乎构成了师徒对话的大部分内容。徒弟们会满怀期待地问："师傅，OK不OK?"曹师傅认真地回答："这个No OK!"或者"这个OK啦!"

曹师傅有一个徒弟叫阿扎姆（Azam），外号"大明白"，因为刚来项目工地的时候，不管说什么，他都抢着说OK，但转头就把活儿干错了。对这样的徒弟，曹师傅有自己的办法：每次讲解完后，他都会让"大明白"实际演示一遍，然后再干。几次之后，"大明白"终于不再轻率，而是把所有细节弄懂了之后再说"OK啦"。

曹师傅还有一个叫伊什蒂亚克（Ishtiaque）的徒弟，一开始做事很毛躁，对于师傅的严格要求甚至公开表示质疑："按我自己的方法不行吗?"虽然听不懂，但曹师傅已经从他的肢体语言明白了他的意思。曹师傅并不说话，只是默默地拿起焊把又焊了一遍，焊出的花纹和精度，让徒弟们无不惊叹，伊什蒂亚克也沉默了。后来曹师傅叫来翻译，语重心长地对他说："我的技术也不是短时间练出来的，而是几十年的积累。基础最重要，如果基础没打好，练多久也没用。"伊什蒂亚克终于明白了曹师傅的苦心，加倍努力，现在已经改掉了毛躁的毛病，成长为一名出色的焊工。

长期的磨合，让师徒之间的沟通越来越OK。现在，当你问洋徒弟们："曹师傅，OK不OK?"他们会模仿着师傅的表情和声调笑着说："OK啦！"这发自内心的笑容，舒展开来的正是师徒之间最美好而纯粹的情感。

洋徒弟成长记

像曹加影和他的徒弟们这样的故事，在塔尔项目随处可见。几乎每一个巴籍员工都有一个中国师傅，帮助他们快速成长。

韦德·查查尔（Waheed Chachar）是有一定基础的巴方技术人员，但他好几次都没通过巴基斯坦注册工程师（PEC）考试。在塔尔项目现场，他拜了一个优秀的中国师傅为师——塔尔煤矿项目的测量队长魏勃。每天清晨，师徒二人都扛着测量仪器下矿坑，而深夜又在电脑前一起绘制图纸。

魏勃是个严格的师傅，韦德也是个认真的徒弟，虽然两人语言不通，但默契度极高，一个手势、一个动作，就能明白对方的意思。二人更是在业余时间相互学习语言。现在，不但魏勃能够说一口流利的英语，韦德也能用简单的汉语表达自己的意思，魏勃更是经常开玩笑地说："我跟韦德互为师徒，不分彼此。"

在师傅的帮助下，韦德不仅学到了很多理论知识，还在实践中检验了学习成果，并顺利取得了PEC证书。

CMEC设备部焊修工程师曹加影（左三）与巴基斯坦徒弟。

塔尔煤矿项目不仅录用了大批巴基斯坦籍劳务工，设备、测量、人事等部门也招聘了多名巴方管理人员。在CMEC现场领导王庆祝、刘志明的倡导下，项目投入专业培训人员编制培训课程、选取具有丰富经验的职工进行“一对一”辅导教学，使巴籍管理人员快速熟练掌握职业技能。同时，项目还建立了矿山卡车驾驶培训基地，不断探索、改进培训内容及方式，推出了“28天”司机培训计划，为矿山建设提供了大批优秀技术人才。

如今，随着项目的实施不断深入，中国师傅们收了越来越多的巴基斯坦洋徒弟。塔尔项目在践行“一带一路”共建政策沟通、设施联通、贸易畅通、资金融通的同时，也让中巴人民民心更加相通，使国机集团、CMEC品牌深入人心，使中巴友谊在这里进一步绽放、升华。

洋徒弟的梦想

远在异国他乡，曹师傅拿出手机翻出他在国内的照片，有家人、朋友和他的中国徒弟。“看，我在国内呀，还有几十个中国徒弟呢，和你们一样都是好小伙子！”洋徒弟们看到他们在国内的师兄们，又好奇，又高兴。其中有一个徒弟内心已经种下这样一个梦想——“有一天一定要去中国看看。”

他叫古尔纳瓦兹（Gulnawaz），家里世代放羊为生，非常贫穷。一次偶然的机会，他接触到了焊修，然后来到了CMEC塔尔煤矿项目工作。古尔纳瓦兹是个踏实肯干的人。“他是我的这些徒弟里面最刻苦的一个，成长也是最快的。”曹师傅很喜欢这个徒弟。古尔纳瓦兹的努力也很快得到了回报，现在他的收入是村里最高的，相当于几个家庭收入的总和。他用自己赚的钱建了一个大房

CMEC设备部焊修工程师曹加影（左一）现场教学。

子，引来村里人的羡慕。他说："这一切都要感谢CMEC，感谢我的曹师傅！"

古尔纳瓦兹在用实际行动证明：努力是可以改变自己命运的。一次聊天中，曹师傅知道了古尔纳瓦兹想来中国看看的梦想后高兴极了："人应该有目标，有目标活着才有劲嘛！等你来中国，我亲自带你看看我的家乡！"这是师徒之间最美好的约定。

"塔尔奇迹"是怎么炼成的

在项目现场，工作并非听起来那样随意和轻松。事实上，由于各种条件的限制，工期压力、质量压力特别大。而"大考"也会时不时地出现。

2018年6月，煤矿现场的日本设备多台大小臂出现裂纹，造成停机。经过和厂家的探讨，最终确定按照厂家提供的焊修方案，由项目现场人员自主焊修。这是一项艰巨的工作，工作量巨大而且技术要求极高：需要将挖机的裂纹处刨开，再多次打磨、补焊；刨开的深度、焊纹的走向和纹理，都决定着焊修的质量；每焊一遍都需要打磨处理，至少需要经历7次以上的反复循环。

"这回接个大活儿啊！"曹师傅用惯有的幽默态度面对着这项看似不可能完成的任务。"焊修第一台挖机时，那真是很难！一切参考都没有，只能按照方案慢慢摸索。"曹师傅回想起来都不禁感慨万千。不过拥有多年经验的他，终于带着徒弟们一起完成了工作并通过了检测。徒弟们击掌欢庆，曹师傅却看着另外十多台待修的机器，发起愁来。徒弟们聚集过来，开始宽慰师傅："有您带着我们，OK啦！"

那真是一场名副其实的"奋战"。曹师傅带着洋徒弟们分成白班和夜班，一天24小时马不停蹄地工作。经过几个月的日夜奋战，现场18台挖机，终于全部焊修完成并通过检测，创造了"塔尔奇迹"。

曹师傅顾不上自己的劳累，看着自己徒弟们疲惫的面容，挑起大拇指说："巴基斯坦，OK啦！"徒弟们像获得了最高奖赏，自豪地挺起胸膛，也挑起大拇指："中国师傅，OK啦！CMEC，OK啦！China，OK啦！"

人物故事

巴基斯坦塔尔煤矿的翻斗车女司机

在巴基斯坦信德省的塔尔煤田二区块露天煤矿项目上，努斯拉特·巴伊准备驾驶载重60吨的翻斗车。

4月的塔尔沙漠气温已经飙升到45摄氏度左右，暴烈的阳光炙烤着整个塔尔大地。

努斯拉特·巴伊（Nusrat Bayh）戴着头巾，身穿巴基斯坦传统长衫款式的工作服。身高一米六左右的她颇费了些功夫才爬进了一辆重型翻斗车的驾驶舱。系上安全带，调整后视镜，挂挡启动，驾驶这辆载重60吨的翻斗车对努斯拉特来说却是易如反掌。

在成为塔尔煤田二区块的一名重型翻斗车司机之前，努斯拉特在塔尔地区巴格尔县做裁缝，每月只有2000卢比（约合11.5美元）左右的收入，与丈夫加起来月收入也不超过8000卢比。

2016年，生活窘困的努斯拉特迎来了人生转折。当年4月，巴基斯坦信德省政府、多家巴方企业和中国机械设备工程股份有限公司在中巴经济走廊框架下组成联营体，开始建设塔尔煤田二区块年产380万吨露天煤矿项目。

塔尔煤田二区块项目现场副经理刘志明介绍，塔尔煤田对巴基斯坦的意义就像大庆油田于中国的意义，能让巴基斯坦第一次用自己生产的煤供应电站发电。

巴基斯坦信德省塔尔煤矿的翻斗车女司机

由于塔尔煤矿埋藏深，需要大量翻斗车投入作业运输沙土，联营体巴方合作伙伴开始着手寻找翻斗车司机。这时，巴格尔县的妇女们进入了他们的视线。“当我们看到巴格尔县妇女能在50摄氏度的高温下从四五公里外的地方打水回家，就想到以她们的意志力，加以训练，一定能够成为合格的翻斗车驾驶员。”联营体企业社会责任部总经理纳赛尔·梅蒙（Naseer Memon）说。

努斯拉特就是在这个时候幸运地成为了一名翻斗车驾驶学员。经过一年的培训，她已经成为一名优秀的驾驶员。“我现在开一整天的车都不累。就算你带50个姑娘来跟我学，我也能轻松教会她们。”

现在，努斯拉特每月的薪酬是25000到30000卢比。“我现在是县里少数能买得起牛奶、水果和好衣服的人了。我们的生活发生了翻天覆地的变化，简直难以用话语来形容我的幸福！”

莫西尼·巴伊（Mosini Bayh）也是幸运儿之一。莫西尼有4个孩子，以前没有工作，一家人的生活只能依靠做小贩的丈夫，经常饥一顿饱一顿。“当我知道附近煤田招驾驶员，有培训、有工资，还管饭时，我高兴得跳了起来，要去报名。如果成功，我就能养活孩子，让他们接受教育了。”莫西尼说。

然而，当地人观念保守，妇女在没有兄弟或丈夫的陪同下单独出门工作会被视为“异类”。莫西尼才接受培训几个月，流言蜚语就令她和丈夫苦恼不已。

“项目上为了支持我，把我丈夫也招聘进来了。现在我们两个人都在项目上工作，工资很丰厚。孩子们能上学了，我们还正在盖一座漂亮的砖房。当初那些说闲言碎语的人现在也想到项目上工作。”莫西尼说。

刘志明说，现在项目上一共有26名翻斗车女司机，接受过培训的不下百人。她们和项目上其他1000多名巴基斯坦当地雇员一起参与项目建设，为家乡发展做贡献的同时也改变着自己的生活面貌。

在巴基斯坦信德省的塔尔煤田二区块露天煤矿项目上，一名翻斗车女司机准备驾驶载重60吨的翻斗车。

梅蒙说，收入的提高让这些妇女在家里有了话语权，她们决定送孩子去上学，决定穿好衣服，决定通过努力工作让自己生活得更好。“如果塔尔地区的妇女能自食其力，我们国家其他地区的妇女为什么不能站起来改变自己的人生呢？”

“现在通过中巴经济走廊项目，我们能够为当地人带来教育机会、医疗保健、洁净的饮用水和就业岗位。可以说，塔尔地区一代人的命运都将因中巴经济走廊而改变。我亲眼见证了这一巨变。”梅蒙说。

新华社记者 刘 天 蒋 超

巴基斯坦喀喇昆仑公路二期（赫韦利扬至塔科特段）项目

喀喇昆仑公路二期（赫韦利扬至塔科特段）

一条公路，地处板块交界、灾害频发区，平均每一公里，就要建一座桥梁或隧道……这是喀喇昆仑公路二期（赫韦利扬至塔科特段）项目，是“中巴友谊路”、中巴唯一陆路通道——喀喇昆仑公路的向南延伸。

天堑变通途

项目位于巴基斯坦北部开伯尔—普赫图赫瓦省，长118公里，包括设计时速分别为100公里、60公里的高速公路和二级路，全程囊括了主线桥梁105座、天桥11座、涵洞464道、隧道6座等。

2016年9月开工，在经过三年多的艰苦建设后，高速路段于2019年11月18日通车，二级路段于2020年7月28日建成通车。这条路由中国交通建设股份有限公司主要海外平台——中国路桥工程有限公司总承包，获得了美国《工程新闻纪录》（ENR）2021年度桥梁隧道类全球最佳工程奖。

喀喇昆仑公路二期是中巴经济走廊的早期收获和旗舰项目，它处于中巴经济走廊陆路通道的核心路段，是巴基斯坦公路网南北主要骨架的重要组成部分。项目的建设显著改善了当地的交通状况，大力推动巴基斯坦的公路网和交通基础设施建设，对推进巴基斯坦城镇化发展、加快沿线资源开发利用、促进当地经济社会发展都具有重要作用。

“项目所在地巴基斯坦北部处于板块交界处，灾害频发，地质条件差，给桥梁隧道施工带来巨大困难，也对边坡防护提出非常高的要求。”据项目总工程师王慧介绍，公路沿线地层岩性多变，包含板岩、千枚岩、片麻岩等；岩体风化程度高、节理裂隙发育；沿线开挖边坡多达270余处，其中三级及三级以上边坡90多处，开挖最高边坡达到65.6米（七级边坡）。“在这种地形地质情况下，单独一种防护形式，很难既安全又经济地满足边坡防护需求。”

为此，中国工程师根据不同边坡的地形、地质条件，采用了植草、拱形骨架、窗孔式护面墙、锚杆框架、锚索框架、抗滑桩、锚索肋板墙等多种防护形式组成的综合防护体系。“除此之外，我们对每一处技术难点都设计了有针对性的解决措施，比如桥梁设计采用预制梁结构，将全线4500多片预制T梁和空心板梁集中预制，引进了包括钢筋制作、智能张拉等T梁预制整套设备及梁板自动喷淋养护新工艺，以及架桥机设备等。”王慧说。

“这些技术虽然在国内已经广泛应用，但是在巴基斯坦还没有全面推广。因此，我们在有效解决项目工程难点的同时，也丰富了巴基斯坦路基边坡支护的体系，为其以后的公路建设提供参考经验。”王慧表示。

喀喇昆仑公路二期隧道入口

延续友谊路

在建设团队艰苦卓绝的努力下，喀喇昆仑二期工程继20世纪60年代的喀喇昆仑公路后，又创造了新的中国奇迹。它是中巴友谊世代传承的象征，也焕发出新的光彩。相比最早的喀喇昆仑公路，二期建成后使得这条公路性能更加优越。

首先，道路等级提高，采用中国标准建设，前39公里为高速段，设计时速100公里，路基宽度24.7米。后79公里是二级路段，时速60公里，宽度12.3米，同时平面和纵断面的技术指标按照中国规范设计。“而60年代我们前辈修建的喀喇昆仑公路，因当时条件和技术限制，而且考虑到交通量较小，路线都傍山沿河，很多道路宽度只勉强满足对向错车要求。”王慧回忆道。

其次，除二期项目外，2008年至2013年，中国路桥还完成了喀喇昆仑公路改

喀喇昆仑公路二期赫韦利扬互通鸟瞰图

扩建项目的一期工程，改扩建后的喀喇昆仑公路行车安全和服务水平大大提高。“为提高行车安全，我们沿线设置了大量安全设施，像护栏、减速带、夜间照明、雨天提醒等；同时设置了服务区，配置各种地点、位置提示标志牌等，从而方便人们的出行。”王慧介绍称。

喀喇昆仑公路二期（赫韦利扬至塔科特段）项目为当地提供了七千多个工作岗位，提高了沿线百姓收入水平。通过中方技术人员的传帮带，项目还培养了一批当地专业人才队伍。随着交通改善，当地特产销往各地更加便捷，当地居民收入得到有效提升。

在2019年该项目高速路段通车仪式上，时任巴基斯坦总理伊姆兰·汗（Imran Khan）表示，这条高速公路是中巴经济走廊的重要组成部分，中巴经济走廊将在巴基斯坦崛起和发展中发挥重要作用。

“喀喇昆仑公路承载了上世纪老一辈建设者的‘喀喇昆仑公路精神’，对延续两国伟大情谊起到重要作用，将成为见证源远流长中巴友谊的又一座丰碑。未来，我们将为巴基斯坦建设更多高质量工程，为中巴友谊作出更大贡献。”王慧说。

作者 施 予

人物故事

巴商："喀喇昆仑公路惠及这里的每一位生意人"

连接中国和巴基斯坦的喀喇昆仑公路不仅是世界上海拔最高的跨境公路，也是世界上最难修建的公路之一。这条由中国与巴基斯坦共同修建的公路于1968年动工，1979年竣工，全长1224公里，约700人为此付出了生命，是名副其实的中巴友谊路。公路建成后为中巴两国的人员和经贸往来提供了巨大的便利，如今，它作为中巴经济走廊的起点，更为两国关系的不断深化发挥着至关重要的作用。

法汗·乌拉（Farhan Ullah）在巴基斯坦吉尔吉特—巴尔蒂斯坦地区首府吉尔吉特市最大的集市里经营着一家有35年历史的纺织品商店，这家商店是从他父亲那里继承下来的，店里所有的毛毯、夹克等纺织品都是从中国的浙江、江苏、福建等地进口。他的弟弟负责去中国采购，货品通过喀喇昆仑公路运输到吉尔吉特，而他则负责在巴基斯坦接货和销售。乌拉说："因为这里离中国很近，从中国运货到吉尔吉特非常便利，中国产品的质量也很好。我们一般是两三个人订购一个集装箱，然后一起通过公路运送过来。喀喇昆仑公路惠及这里的每一位商人。"

乌拉店里的中国产品物美价廉，深受当地居民和游客的喜爱，他还收到了不少来自卡拉奇、拉合尔、白沙瓦等城市送来的订单。他的商店俨然一个小型的纺织品批发中心。

类似这样销售中国产品的商店在整个吉尔吉特—巴尔蒂斯坦地区随处可见，喀喇昆仑公路竣工后的40年间，来自中国的商品源源不断地通过这条中巴友谊路进入与中国相邻的吉尔吉特-巴尔蒂斯坦地区，然后再沿着喀喇昆仑公路进入巴基斯坦内地的千家万户。

喀喇昆仑公路

喀喇昆仑公路也是连接巴基斯坦南北的交通干线，每天都有许多运输货物的大卡车往返于这条公路。

位于洪扎地区的喀喇昆仑公路旁有一个储存了几百吨土豆的运输中转站。老板纳迪姆·胡赛因（Nadeem Hussain）说，他们从洪扎、纳加尔等附近地区的村民那里收购土豆，用大卡车运到巴基斯坦南部进行销售。当地的土豆营养价值高，不含糖，销量很好。“我们每辆卡车可以装下40万卢比到50万卢比的土豆，每天可以运输500万卢比的土豆。从每年5月到11月，土豆生意可以长达半年时间。”

胡赛因说，他的土豆生意不断壮大也要归功于喀喇昆仑公路的扩建。2008年至2013年，中国路桥重修了红其拉甫至雷科特段的喀喇昆仑公路，并将公路从原来的10米扩宽到了30米。道路扩建之后，胡赛因也把运输土豆的车辆从小卡车换成了大卡车，不仅节省了费用，也节约了路上的时间，“在这条路修好之前，我们要花五六天的时间才能将土豆运到大城市去销售，现在只需要三天时间，我们的货物就可以到达拉合尔、费萨拉巴德等主要销售市场。我们很高兴，这条新的公路更加舒适，更加利于运输了。”

喀喇昆仑公路

当记者抵达巴基斯坦的苏斯特干港时，几十辆装扮得鲜艳夺目的巴基斯坦大卡车已经在海关外排起了长长的队伍。苏斯特干港每年4月1日到11月30日开放，9月到11月是港口最忙碌的时节，商人们要赶在闭关前，让尽可能多的货物通过海关。

苏斯特干港海关副关长哈勒敦·伍哈克（Khaldun ul Haq）说，每年都有大批的中国货物通过喀喇昆仑公路进入巴基斯坦苏斯特口岸，“我们一季从中国收到1600到1700个集装箱，征收了40亿到50亿卢比的关税。其中大部分是巴基斯坦进口商从中国进口的货物，有服装、纺织品、汽车零部件、轮胎、干果等日常消费品，这些货物从苏斯特海关清关后，运往巴基斯坦的各个市场销售。还有一些中国公司运进来的机械设备，用于项目建设。”

伍哈克介绍说，苏斯特干港清关的货物中，从中国进口的产品占到百分之八十以上，但实际上，巴基斯坦有很好的海产品、干果和樱桃，适合向中国出口，希望明年能向中国出口500到600个集装箱。

苏斯特干港货运高级经理巴沙拉特·汗（Basharat Khan）认为，近年来，中巴两国政府一直在对喀喇昆仑公路进行升级改造，这也促进了两国的陆路经贸往来。随着喀喇昆仑公路二期项目向巴基斯坦腹地延伸，苏斯特干港还将设立贸易中转站，届时来自中国的货物不仅可以通过喀喇昆仑公路抵达巴基斯坦，还可以通过巴基斯坦运往其他国家。巴沙拉特说："苏斯特干港不仅为巴基斯坦的贸易服务，未来它还将为通向阿富汗、伊朗等国的转口贸易服务提供便利。巴基斯坦境内的货物也可以通过瓜达尔港从海上运往其他国家。2021年苏斯特干港的货运量就高于往年，未来货运量将不断增大，希望未来苏斯特口岸可以向更多国家开放。"

苏斯特干港海关副关长哈勒敦·伍哈克认为，喀喇昆仑公路早已是巴基斯坦的运输动脉，当喀喇昆仑公路二期项目塔科特至伊斯兰堡段全部竣工，巴基斯坦贯穿南北的交通将更加通畅，中巴两国之间的贸易之路也将越走越宽。

国际在线记者　刘　畅

巴基斯坦PKM高速公路（白沙瓦至卡拉奇高速公路）项目（苏库尔—木尔坦段）

PKM高速公路

2019年7月24日，位于奇纳布河畔的木尔坦市薄雾笼罩。居民一觉醒来，目睹了这个城市发生的前所未有的变化。PKM（白沙瓦—卡拉奇高速公路）项目苏库尔—木尔坦段（M5）比计划提前两周完工，创造了巴基斯坦的历史。

PKM是“一带一路”倡议框架下中巴经济走廊最大的交通基础设施项目，是巴基斯坦南北交通大动脉。其中，M5高速公路段南起信德省苏库尔，北至旁遮普省经济中心木尔坦，由中国建筑以EPC合同模式承建。M5高速公路项目全长392公里，设计时速120公里，总投资约28.9亿美元，其中约90%的项目成本

PKM高速公路（苏库尔—木尔坦段）沿途风景

来自中国提供的利率仅为1.6%的优惠贷款，其余由巴基斯坦政府提供。M5高速公路沿线设有12个服务区、10个休息区、11处互通、10座立交桥和426个地下通道，是巴基斯坦首条具有智能交通功能的双向6车道高速公路。

2016年5月6日，M5高速公路开工。2019年，项目整体提前两周完工并进入试运营阶段。2020年12月，项目移交证书（TOC）签发仪式在木尔坦举行，标志着该项目正式移交通车。项目建成后，极大改善当地交通状况，直接带动沿线地区的社会经济发展。

惠及民生的致富之路

高速公路连接的木尔坦和苏库尔是巴基斯坦的重要城市。木尔坦是芒果、椰枣等经济作物主产区，苏库尔则是重要交通枢纽。项目的建成将两地通车时间从11个小时压缩至4小时以内，运输效率成倍提升。

“从前经过这段路只能走国道，车多路窄，经常发生交通事故，货物总是不能按时送达。”当地货车司机穆罕默德说，“自从PKM高速公路开通后，送货时间大大缩短，燃料成本和车辆磨损都大幅降低，沿途的服务区、休息区功能一应俱全，收费站、称重站方便快捷，电子指示牌上可以实时提示天气、道路和交通状况，在这条路上开车既舒适又安全，我的收入也比以前提高了不少。”

M5高速公路项目始终秉持“共商、共建、共享”原则，与当地企业共同开发取土场、采石场，所需的物资、设备均优先从当地采购。据项目建设方介绍，该项目共计从当地采购土方近1亿方、石料3000万方、砖6000万块、瓦600万片、水泥100万吨、大小机具9200余套、油料5亿升、草皮1611万平方米、苗木36万棵。大量钢材、沥青及生活物资采购直接提振了当地土石方开采、运输、设备租赁销售等相关行业的发展，间接带动了下游产业，为当地经济注入了活力。此外，项目建设过程中为当地创造了2.9万多个就业岗位，成为当地百姓的“致富之路”。

PKM高速公路（苏库尔—木尔坦段）施工现场

彰显品质的科技之路

PKM是巴基斯坦设计等级最高、唯一全线绿化、拥有百年一遇抗洪等级的高标准高速公路。项目包含多层级、全方位质量控制网，是用创新和匠心打造的一条智能高速公路。

巴基斯坦国家公路管理局（NHA）M5项目总经理穆罕默德·纳西姆·阿里夫（Muhammad Naseem Arif）在木尔坦举行的一个仪式上表示，这条高速公路的质量和施工过程令人印象深刻。

项目首次在巴基斯坦使用无人机航拍测量技术精准获取全线数据，通过水文物理模型优化跨河大桥设计方案，成功攻克小角度斜交桥架设难题，首次应用弯沉检测技术控制路基路面质量。作为巴基斯坦历史上首条拥有智能交通系统的高速公路，PKM高速公路拥有动静态称重系统、电子收费系统、360度监控系统、语音电话系统、紧急电话系统、门户网站系统、气象发布系统、事件监测系统等智能高速公路软硬件设施。其全线收费系统、信号管理等功能全部实现电子化、自动化。全线配备FM广播、服务区域Wi-Fi、充足的夜间照明，全程沿线铺设的光缆能够将全路段监控视频等信息实时传输到控制中心，以便全面掌握交通状况。

项目巴籍员工凯撒表示，“我全程参与了项目建设，对工程质量充满信心，我们建造的高速公路是巴基斯坦的‘百年工程’”。业主对项目全线进行验收检查时，验收团队一致评价：PKM项目是巴基斯坦进度最快、质量最好的高速公路工程。

PKM高速公路（苏库尔—木尔坦段）休息区

深化友谊的共赢之路

为带动相关产业发展，在建设高峰期，项目聘用当地工人、设备操作手、管理人员近三万人，项目中巴员工比例达到1：32。

项目还邀请专业培训机构开展管理技能和工程技术培训，把当地农民培训成业务过硬的技术工人。在工地上，来往穿梭的数十台沥青摊铺机、压路机、自卸卡车几乎全部由巴方员工熟练操作，大量原本靠天吃饭的农民转变为投身巴基斯坦现代化建设的技术工人和操作手。

项目商务顾问阿玛表示，“PKM项目为我们提供了宝贵的就业机会，是我们的第二个家。当地有超过6800名农民，如今已是熟练的设备操作人员和工程管理

PKM高速公路（苏库尔—木尔坦段）夜景

人员，成为巴基斯坦现代化的工程技术人员。”

在提供大量就业岗位的同时，项目秉承“同一条路、同一个家”理念，为沿线村落修筑便民道路800公里、桥梁15座、水井50眼、水渠200余条，为保护当地生态，保障动物迁徙，修建管涵920道，总长超4万米。同时，项目团队还修缮沿线学校并组织医疗队，为乡村1000多人次提供义诊服务。

项目试运营阶段，正值新冠肺炎疫情，在巴基斯坦中部交通大动脉上，项目管理团队坚守现场，保障项目试运行期间各项工作稳定，无一天中断交通。项目还积极支持当地抗击疫情，为巴基斯坦医学科学研究院（PIMS）捐款，筹措防疫物资捐赠给相关部门，充分展现了“一带一路”上中国企业的责任与担当。

三年风雨兼程，中巴两国人民迎来“路路相通，美美与共”的胜利时刻。在两国人民的见证下，这条巴基斯坦的“民生之路”“品质之路”“友谊之路”正在通向远方……

作者　比拉尔·萨博利　王　凯

人物故事

“夫妻档”建设者与巴基斯坦的不解情缘

五月的西塔尔沙漠，热浪迎面扑来，夹杂着悠远的驼铃声，一群筑路人正操作着筑路机械，传来阵阵轰鸣声……这群人中有一对中国夫妻，丈夫叫吴晓廷，妻子叫雷霞。

对于中建巴基斯坦PKM 项目建设者来说，最大的挑战就是高温。“大家都在尽力抢时间，利用一早一晚工作。”吴晓廷说：“这是关系巴国1亿多人的幸福工程，苦点累点也值得。”

电力短缺也是难题，项目经常面临停电。晚上睡不着时，大家就继续学习和工作，实在困了才躺下。等口干舌燥，渴醒之后，发现衣服、被褥全被汗水湿透了。为此，项目多方协调，直到问题得以解决。

项目一分部雇有929名当地人，斋月期间白天不进食，这是当地的宗教习俗，必须完全尊重。在这种情况下，吴晓廷会和中方员工加班加点，甚至24小时不间断作业，把耽误的时间抢回来。

“理解与尊重是我们最好的沟通方式。”身为项目党支部副书记，吴晓廷经常牵头组织各类活动，促进项目与巴国工人、驻地军警的友谊。比如在元旦、中国农历新年时，举办各种趣味小游戏并派发红包；在“三八”妇女节、“五一”劳动节为大家准备各种小礼物；在穆斯林的古尔邦节、开斋节发放肉制品以及其他礼品。在项目举办的中国农历新年团拜会上，巴驻军411旅少将拉着吴晓廷的手高兴地说：“China brother！”

PKM高速公路（苏库尔—木尔坦段）中巴员工在现场研讨。

2016年8月，吴晓廷的妻子雷霞来到PKM项目一分部。当过英语老师的她，进入安保部负责协调工作。

在全力服务项目建设的同时，雷霞也思考着做点有意义的事。当地员工基本都说乌尔都语，偶尔说英语，语言成为中巴员工交流的一个障碍。很多巴基斯坦人羡慕中国的强大，希望能学习汉语。于是，在项目部的支持下，雷霞发挥所长，成立了中国建筑在海外的首个免费汉语国际推广培训班。

每周一和周四，忙完手头的工作后，雷霞都要花2个小时准备课件，为项目上的巴基斯坦员工教授汉语和中国文化，还针对工程准备了专业名词的课程，用唱歌的创新方式教他们汉语拼音。几个月后，参加培训班的不少当地员工已可以用汉语进行简单交流。

24岁的 Ather 是一分部安保部的员工，身高一米八，浓眉大眼很帅气也很机灵。跟雷霞学习了5个月的汉语后他便能进行日常汉语对话。Ather表示以后想去中国留学，雷霞告诉他2017年有5000多名巴基斯坦学生使用中国政府提供的奖学金赴中国留学，是使用中国政府奖学金人数最多的一个国家，并且中建三局有委托大学定向培养巴基斯坦留学生的政策。“后来他喜欢上了一个中国姑娘，学得更起劲了。”雷霞笑着说。还有项目综合办的 Alice，一位美丽的巴基斯坦姑娘，她把雷霞视作知心姐姐，每次见面都要和她拥抱，遇到烦恼也会找雷霞倾诉……下一步，雷霞想把授课规模扩大，为项目周边村落的人提供汉语授课，现在她已经与当地政府和学校进行了沟通。

雷霞说：“我的丈夫修的是一条中巴经贸交流之路，而我正在做的是修建一条连接中巴文化的路！”

谈及孩子，雷霞既牵挂又自豪。牵挂是因为相隔千里，只能通过视频与他们聊天；自豪的是，出国以来，儿子的老师夸赞儿子越来越像男子汉了。谈起孩子，吴晓廷的语气则柔软起来：“虽不能陪在孩子身边，但比起2005年刚来巴基斯坦时好多了，现在可以在网上视频连线了。希望他能健康、快乐成长。”

作者 李 刚

巴基斯坦拉合尔轨道交通橙线项目

拉合尔橙线地铁

2020年10月25日，中巴经济走廊首个大型轨道交通项目、巴基斯坦国内首条地铁——拉合尔橙线项目正式通车。该线路的开通率先开启了巴基斯坦的地铁时代，成为新时代中巴友谊的新象征。

橙线项目位于巴基斯坦东部旁遮普省首府拉合尔市，是中巴经济走廊早期收获项目之一。项目由中国国家铁路集团有限公司和中国北方工业有限公司联合承建，中国铁路国际有限公司和北方国际合作股份有限公司（以下简称北方国际）

蓄势待发的拉合尔橙线地铁

具体实施，于2015年9月动工，2020年10月初竣工交付。项目全长27公里，设有26站，包括2个地下站和24个高架站，连接拉合尔市多个人口密集区。

橙线的建设打通了拉合尔城市的经济大动脉，为1200万拉合尔人民带来了方便、快捷、绿色的交通系统。橙线首站到末站的通勤时间，从2.5小时缩短到了45分钟。根据规划，项目运行初期共计27组列车投入运营，运力保持在每天25万人次，后期将进一步提升运力至每天50万人次。

从高空俯瞰，橙线蜿蜒地穿过拉合尔城市，犹如一条颜色鲜亮的彩带。橙色是欢快活泼的热情色彩，是暖色系中最温暖的颜色。北方国际合作股份有限公司总经理原军告诉记者，橙线的灵感源于巴基斯坦国花素馨花。“拉合尔是一个历史文化名城，因此在橙线的形象设计过程中，我们充分考虑了当地的建筑风格、宗教、风俗习惯等因素，既满足了功能需求，又大大提升了城市景观。橙线13号站的设计就借鉴了巴基斯坦著名清真寺的建筑风格。”

鸟瞰拉合尔橙线地铁

橙线项目开通运营，使巴基斯坦拥有了南亚最先进的城市轨道交通运营体系。橙线搭载CBTC（基于无线通信的列车自动控制系统），可以通过无线的方式进行数据传输，实时监测列车位置，保障列车安全、高效运行。为适应当地高温环境和市政电力供应能力，设计人员在供电系统中多处采用加强配置，配备紧急断电系统，提高了设备的耐久性和供电可靠性，提高应对突发状况的能力。此外，项目采用寿命长且耐磨的重型钢轨，降低供电损耗，节省维修费用；稳定性好、整体性强的无砟轨道，可减少一半以上维修工作量并节约维修成本；特殊材料和工艺的轨道部件，能适应当地的高温，延长使用寿命。目前设计领域最先进的BIM（建筑信息模型）技术也在综合管线设计中应用，提高了设计效率和质量。

自2020年2月份以来，巴基斯坦疫情持续蔓延，给当地公共卫生安全带来巨大威胁，也严重阻碍了橙线项目的工作推动。疫情面前，北方国际团队联合广州地铁及巴基斯坦DW公司组建联营体中标橙线运维项目，承担起橙线地铁8年的运营维护工作。

橙线地铁上车站站台，采用中国标准屏蔽门运营管理。

新冠肺炎疫情期间，运营开通筹备工作需要聘用大量的当地员工。北方国际项目部及时调整策略，采用视频形式，面试了几千名员工，保障了人员供给。为帮助新入职员工迅速掌握工作内容，项目部聘用了十几位中英乌三语的培训人才，制作了几百个视频培训课件。在项目最关键的阶段，北方国际包机将一批技能娴熟的中国司机送往项目所在地，保障了橙线的运维。

橙线项目竣工并进入商业运营，不仅提振了巴当地统筹推进疫情防控与恢复经济社会发展的信心，也进一步坚定了中巴双方高质量推进中巴经济走廊建设的决心。

作者 赵小鹏

人物故事

送给1260万拉合尔人民的礼物

拉合尔轨道交通橙线项目投入运营后，巴基斯坦人民有史以来第一次体验城市电动轨道交通。2020年10月25日当天，巴基斯坦人民和中国人民挥舞着两国国旗，见证这列友好的地铁列车从德拉古杰兰驶向阿里镇，车上还有些中国孩子说着流利的巴基斯坦国语——乌尔都语。

时任旁遮普省首席部长萨达尔·乌斯曼·布兹达尔（Sardar Usman Buzdar）在揭幕讲话中表示，拉合尔橙线项目是中巴关系历史上的一个里程碑，在中国的

拉合尔橙线开通首日迎来4万余名乘客。

帮助下，巴基斯坦已跻身世界上拥有电动轨道地铁列车的国家之列，橙线项目将为巴基斯坦人民提供最佳的通勤服务。

缩短通勤时长，减轻道路负荷

橙线项目将给拉合尔1260万人民带来更为便捷的出行体验。随着正式投入运营，人们在路上耗费的时间将大幅缩短。若乘坐摩托车、汽车、网约车和公共汽车等机动车，从地铁线路的起点德拉古杰兰出发去27.1公里开外的地铁线路的终点阿里镇，至少需要花费80至90分钟。万一再遇到交通堵塞，简直就是一场“噩梦”。而乘坐地铁，通勤时间仅为45分钟，漫长而乏味的通行时间被缩短，人们将从通勤压力和交通堵塞中解放出来。

市交警官员阿里夫·拉纳（Arif Rana）表示，机动车数量的增加是造成交通拥堵的最大原因之一。他补充说：“通行时间过长也造成了街头斗殴事件。地铁将为人们节省过去几十年所浪费在路上的宝贵时间。”

在服装厂工作的穆萨·法希姆（Musa Fahim）说：“我每天都要去阿里镇附近的工厂上班，那里正是地铁线路的终点。在地铁开通之前，我要换乘三辆多用途人力车和两辆公共汽车，平均要花一个多小时才能到达目的地，有时还难免迟到。地铁开通后，我的通勤时间大大缩减了。”

极大节省交通成本

乘坐机动车给人们的日常支出来带来不小的负担，特别是当运输成本上升时，高昂的通勤费用会影响人们的正常生活。旁遮普公共交通管理局运营总经理穆罕默德·奥泽尔·沙（Muhammad Ozel Shah）表示，以往普通人人均收入的8%用于交通支出。

巴基斯坦城市交通专家认为，就城市内部交通而言，通勤者之前一直处于“水深火热”之中。尤其在疫情期间，网约车价格提高，从托卡尼亚兹巴依吉到达罗加瓦尔大概花费400卢比以上。

基于以上背景，乘坐轨道交通出行的前景显得尤为美好，经济又不失豪华与舒适。橙线地铁单程票价只需要40卢比，折合人民币不到2元。随着每天24.5万人，每年超8800万人乘坐橙线轨道列车，巴基斯坦将节省约604亿卢比的公共资金。

绿色环保与健康出行

在旁遮普省首府拉合尔，空气和噪声污染令人担忧，新落成的电动轨道列车以108MV的电力运行。该地铁列车每天可以为25万名乘客提供无污染乘车服务，导致城市污染水平上升的机动车正逐渐被取代。

在过去的20年里，拉合尔的机动车使用频率激增，目前，拉合尔塞满190万辆汽车、440多万辆摩托车，它们排放的大量碳氢化合物、一氧化碳等物质，导致空气中的污染物不断增加。

橙线地铁伊斯兰公园车站俯瞰图

旁遮普省环境保护部门高级官员纳西姆·乌尔·拉赫曼·沙（Naseem Ur

Rehman Shah）表示，随着人们的交通方式从机动车转变为电动轨道列车，当地的环境污染将得到控制。他说："在评估环境影响后，我们认为地铁列车项目是一个零排放的绿色交通设施，这将有助于减轻城市的烟尘污染。"

轨道列车将产生的另一个积极影响是减少了笼罩整个城市的噪声污染。据了解，拉合尔各地区的噪声污染水平已经超过了世界卫生组织规定的60分贝~65分贝的可接受阈值。而地铁列车的最大优点之一是提供了无噪音的乘坐环境，轨道运输将日常通勤者从乘车过程中所听到的刺耳噪声中解放出来。

拉动就业与技能提升

与其他中巴经济走廊项目一样，橙线项目从一开始就为当地人打开了就业机会的大门。橙线项目在建设阶段为巴基斯坦人民创造了8000多个就业岗位，在运

中方讲师向巴方技术学员讲授列车操作技能。

营维护阶段还将创造2000个就业岗位。在建设高峰期，项目雇用了大量熟练和半熟练工人，他们大多来自社会底层。

时任橙线项目分项目经理沙希德·拉扎·扎伊迪（Shahid Raza Zaidi）在接受中国经济网独家采访时表示，该项目实行本地化招聘，对于当地人而言非常友好。水泥搅拌工人易卜拉欣·侯赛因（Ibrahim Hussain）回忆："当时我失业了，找不到工作，还要努力挣钱养活父母和五个姐妹，生活步履维艰。曾经，我感觉万念俱灰，直到在橙线项目工作的朋友告诉我我被录用了。我在橙线项目工作了三年，赚到的工资足以支撑全家的生活花销。"橙线项目工人接受了来自中国团队的培训，参与世界先进标准的地铁项目，使他们的职业技能得以提高。项目结束后，很多当地工人由于具有橙线的工作经验又被其他建筑公司录用。

方便残疾人、妇女、老年人

拉哈特·萨尔法兹（Rahat Sarfarz）因双腿残疾，只能依靠轮椅出行。地铁

巴基斯坦小朋友体验拉合尔橙线。

设施的开通，让他自由出行的梦想得以实现。他说："对许多残疾人来说，日常出行很不方便，因为很多城市的交通系统设计都没有考虑到残疾人的出行需求。对我们来说，哪怕是短途旅行也将是一场'噩梦'。"

在一家企业工作的视障人士舒古塔·拉希姆（Shagufta Rahim）每天都要在哥哥的帮助下才能到达丘布尔吉附近的工作单位。"下班时我哥要来接我回家，因为公共交通工具对残疾人不友好，我无法独自出行。"她说："对我来说，地铁从入口到上车都很方便，保障了残疾人的生活质量和通勤质量。"

旁遮普公共交通管理局运营总经理奥泽尔表示，地铁建设伊始，无障碍设施就被列为设计中的优先事项。2020年10月26日橙线项目对公众开放之后，残疾人可享受专为他们设计的便利设施，行动也将变得更加自由。

作者　亚瑟尔·哈比卜·汗　王晓彤

03

第三章 迈向新阶段

合作共赢 开启新程

截至 2021 年，**中国连续 7 年成为巴最大贸易伙伴，**

连续 8 年成为巴最大投资来源国

芒果、大米、墨鱼、海蓝宝石、服装、种子、手机、

空调、汽车、卫星……

中巴经济走廊的路越走越宽

哈立德·曼苏尔：民生是中巴经济走廊未来发展关键

巴基斯坦中巴经济走廊事务局主席哈立德·曼苏尔　　艾哈迈德·卡迈勒摄（新华社发）

2021年是中国与巴基斯坦建交70周年，同时也是"一带一路"倡议旗舰项目——中巴经济走廊步入高质量发展新阶段的关键之年。中巴经济走廊建设从第一阶段步入第二阶段，将怎样发力造福当地民生？经济日报记者就此采访了巴基斯坦中巴经济走廊事务局时任主席哈立德·曼苏尔（Khalid Mansoor）。

中巴经济走廊事务局于2019年9月成立，主要职责是加强不同政府部门间、中央和地方政府间的沟通与协调，确保走廊项目建设顺利进行。曼苏尔于2021年

8月担任这一机构的主席。他表示，中巴经济走廊是实现巴经济复苏的最重要项目之一，将创造巴中经济共同发展的双赢局面。在第一阶段，走廊建设的重点主要是基础设施建设，这一阶段成果丰硕，许多项目已经开始运营，还有一些即将竣工。得益于第一阶段的成功，巴基斯坦国内的基础设施样貌，尤其是道路网络已是焕然一新。如今走廊建设迈入第二阶段，巴政府计划在农业、纺织业、医药业、信息通信等领域加大力度，为此将邀请更多的中资企业前来投资。

曼苏尔表示，中巴经济走廊事务局始终与各地方政府以及中资企业保持密切联系，加强各方之间的沟通协调，确保中巴经济走廊事务局最大限度为投资方和建设方提供便利。比如，瓜达尔港是走廊重点项目，而瓜达尔当地有瓜达尔发展局、瓜达尔港务局等多个官方机构，还有在巴投资的中方公司。在瓜达尔港建设过程中，中巴经济走廊事务局一直在努力协调各方，目前该项目进展顺利。

“走廊建设秉持让当地人民共享发展成果的理念，为巴人民带来实实在在的好处。民生无疑是走廊发展的关键。”曼苏尔说，一个地区在走廊框架下引入项目后，这一地区的各个居民社区都将获益，因为落地的项目有医院、国际机场等，它们将在健康、教育等各个方面为居民提供巨大的帮助，从而提升人们的生活水平。

曼苏尔谈到，走廊建设新阶段将继续为巴人民创造大量就业机会。“在经济特区中，我们让当地居民有机会进入培训机构接受职业技能培训，好让他们掌握特区建设中必备的工业生产技能。在完成培训、掌握技能之后，他们将被聘用成为当地工人，走上工作岗位，收入也将因此得到增加。”

曼苏尔指出，巴基斯坦是个农业国家，农业发展关乎国民经济的命脉，农业也是第二阶段的重点领域。下一步，中巴双方在农业领域的研究重点将是种子质量的提高以及耕种技术的进步。“巴基斯坦将受益于中国农业发展的先进经验和科学研究成果。”曼苏尔说，通过合作研发提高种子质量，改进耕作技术和收割机械，提高农业产量，有助于实现巴农业现代化发展。

经济日报记者　施普皓（2021年9月9日）

中国菌草在瓜达尔试种成功
未来合作潜力巨大

“瓜达尔港的菌草植株长得非常不错，潜力巨大。我很期待看到我们的中国菌草扎根在这片土地上。”林占熺教授在仔细查看巴基斯坦瓜达尔港种植的菌草图片后表示。

巴基斯坦瓜达尔港种植的菌草

2021年9月2日，习近平主席向菌草援外20周年暨助力可持续发展国际合作论坛致贺信。他在贺信中表示：“我长期关心菌草技术国际合作”，“至今这一技术已推广至全球一百多个国家，合作紧扣消除贫困、促进就业、可再生资源利用和应对气候变化等发展目标，为促进当地发展和人民福祉发挥了重要作用，受到发展中国家普遍欢迎。”时任巴基斯坦总理伊姆兰·汗（Imran Khan）也在视频致辞中表示，菌草技术在巴应用推广有助于落实巴扶贫计划。

对此，菌草技术发明人、国家菌草工程技术研究中心首席科学家林占熺在接受中国经济网专访时表示：“这让我和我的团队备受鼓舞，也更让我深深感到肩上的责任和使命。这个论坛是中国菌草技术援外的一个里程碑时刻，我们会努力更好地服务‘一带一路’倡议和联合国2030年可持续发展议程。”

林占熺和他的菌草从闽西走到全球花了近四十年光阴，而今已成为被援助国家眼中的生命之草、幸福之草和中国神草，这一历程经历了四个阶段。“1983年，我到福建省长汀县考察，了解到当地民众希望通过种植香菇来脱贫，却因此产生了菌林矛盾。于是我就想利用闽西非常丰富的野生菌草来替代木材栽培食用菌，这是菌草技术的第一个阶段。”林占熺回忆道。

但林占熺随即发现，当地因为过度砍伐导致水土流失，就连野生菌草也十分稀少。于是，菌草技术进入第二个阶段——人工种植菌草和利用作物秸秆养殖菌类。

通过一系列的努力，菌草技术在闽西取得显著成果，其他各省慕名而来引进技术、引进菌种、引进草种。1996年，中央扶贫开发工作会议确定福建对口帮扶宁夏。福建成立了对口帮扶宁夏领导小组，时任省委副书记的习近平担任组长。在一次联席会议上，菌草技术被列为闽宁对口扶贫协作项目，习近平在联席会议纪要上签了字。林占熺说：“刚开始时，福建菌草到了宁夏因为缺水和低温长势不好，于是我们根据西部地区的气候特点选育出一批草种。这批草种植株高大、营养丰富、适应性强、光合能力突出、固氮能力好，现在广泛应用于全国乃至援外项目之中。这是菌草技术的第三阶段。”

第四阶段即菌草援外，“习近平主席十分重视菌草技术的国际发展合作。”林占熺表示。1994年，联合国开发计划署把菌草技术列入“中国与其他发展中国家优先合作项目”；2000年，时任福建省省长的习近平推动实施福建省援助巴布亚新几内亚菌草、旱稻种植技术示范项目，2001年中国首个援外菌草技术示范基地在巴布亚新几内亚建成落地。“至今，菌草技术已被推广至世界106个国家，还被联合国列为中国—联合国和平与发展基金的重点项目。”

中国和巴基斯坦是全天候战略合作伙伴，两国友谊历久弥新，然而菌草技术合作却是刚刚起步。对此，林占熺表示：“我建议巴政府组织访问团来我国菌草工程技术研究中心考察，进行系统了解。这需要当地政府、企业、科技人员、学术机构共同努力，仅仅依靠中方技术人员是不够的。”

巴基斯坦和我国新疆部分地区气候接近，具有发展菌草技术的自然条件。林占熺表示：“能种玉米的地方就能种植菌草，玉米是巴基斯坦主要经济作物之一，因此巴完全具备这一条件。”

“和巴基斯坦气候相近的新疆喀什、和田等地菌草亩产可达13～15吨，是玉米的2～3倍，因此我认为这一技术在巴基斯坦也是适用的。这对巴基斯坦非常有意义，不仅能为当地居民带来收入，促进当地行业进步、经济发展，还能治理水土流失，具有社会效益和生态效益。发展菌草这一新兴产业对巴基斯坦保护生态环境、增加就业、减少贫困和实现可持续发展是必要的。”林占熺分析道。

中国海外港口控股有限公司（下称中港控），作为巴基斯坦瓜达尔港的建设及运营方，高度关注瓜达尔港的经济繁荣以及可持续发展，因此近年在瓜达尔港尝试种植了菌草。在得知菌草援外20周年暨助力可持续发展国际合作论坛召开后，中港控分享了其在瓜达尔港试种的菌草照片。林占熺表示：“瓜达尔港的菌草经过研究实验和专业指导后一定能在当地发挥大作用，欢迎巴基斯坦派团队到我国最早发展菌草产业的福建来看看。”

作者　施　予

巴基斯坦前总理"点赞"中国玉米大豆带状复合种植技术

2021年5月，巴基斯坦旁遮普省巴哈瓦尔普市的玉米-大豆带状复合种植技术试验示范田里的作物茁壮成长。

"间作技术可以如此高效地利用光能，同时生产两种作物，这样的新技术有望给巴基斯坦的农业领域带来一场'革命'。来自中国（大学）的阿里博士是巴基斯坦的未来。我认可你导师的能力，他把你培养得很好。"此番称赞来自时任巴基斯坦总理伊姆兰·汗（Imran Khan），他在2021年8月举行的巴基斯坦农民大会（Kissan Convention）上高度认可从中国远道而来的“玉米大豆带状复合种植技术”，并为中巴合建的巴基斯坦史上首家“间作研究中心”揭牌。

2021年8月11日，四川农业大学巴基斯坦籍博士后穆罕默德·阿里·拉扎向巴基斯坦时任总理伊姆兰·汗展示来自中国的玉米-大豆带状复合种植技术。

时任巴基斯坦总理话中提到的“阿里博士”是四川农业大学巴基斯坦籍博士后穆罕默德·阿里·拉扎（Muhammad Ali Raza）。在其导师杨文钰教授的指导和支持下，阿里学以致用，把杨文钰及其团队研发的玉米大豆带状复合种植技术带回巴基斯坦老家。

玉米大豆带状复合种植技术，即把玉米和大豆在同一块田地上分带间隔种植，通过科学优化的配置和全程机械化作业，可保证玉米产量与净作相当，且每公顷田地可额外收获大豆1500公斤以上，非常适合在中国、巴基斯坦等地少人多，同时又对大豆进口依赖程度较高的国家推广，该技术已于2020年写入“中央

2020年5月，四川农业大学巴基斯坦籍博士后穆罕默德·阿里·拉扎在巴基斯坦玉米-大豆间作试验示范田边向当地农民讲解技术要点。

一号文件”。

畜牧业是巴基斯坦的支柱产业之一，而豆粕是牲畜饲料的主要蛋白质来源，因此，巴基斯坦对大豆需求很高，但目前巴基斯坦自产大豆的能力几乎为零，只能依赖进口。数据显示，巴基斯坦近几年平均每年进口大豆约180到200万吨，粮食安全问题的严峻程度不言而喻。

杨文钰及其团队调查研究发现，巴基斯坦具备充足光照等适合大豆生长的自然条件，同时又有约130万公顷的玉米种植面积，如果能将玉米大豆带状复合种植技术引进巴基斯坦，不仅可以急人之困，帮助“铁哥们”重振大豆生产，长远来看，也可使我国大豆进口来源国多元化、带动中国种子和农机具出口，对两国来说是一件互利共赢的事。怀着这一愿望，2018年，杨文钰教授决定带玉米大豆带状复合种植技术“出海”。

2018年3月，杨文钰在巴基斯坦与当地农业专家、教授、官员探讨玉米—大豆带状复合种植技术的落地推广工作。 穆罕默德·阿里·拉扎摄

然而，在巴推广工作并不是一开始就一帆风顺。当地农民大多没见过这种技术，难免产生质疑。杨文钰和阿里脚踏实地工作，用田地里实实在在茁壮成长的作物证明，玉米大豆带状复合种植技术在巴基斯坦是行得通的。2020年5月，中国经济网记者联系到阿里进行了采访，发表了一篇题为（《巴基斯坦留学生把高产农业技术的“魔法”从中国带回家乡 *Pakistani students bring high-yield agri-magic from China to hometown*》）的报道，展示了该技术在巴基斯坦的发展情况，获得近二十家巴媒转载，引发了中巴两国人民、政府和企业对该项技术的热切关注。在往后一年多的时间里，中国经济网见证、参与了玉米大豆带状复合种植技术在巴取得一项又一项的历史性突破，从在巴初步建立试验示范点，到受到巴基斯坦时任总理的称赞，玉米大豆带状复合种植技术已逐步成长为中国农

业技术成功“走出去”的优秀代表之一。

与2020年春季相比，2021年春季玉米大豆带状复合种植技术在巴试验示范点数量由4个增至15个，涵盖巴旁遮普和信德两省共19个区，面积约40公顷，年增长率高达1076.5%；新增5家科研机构合作（巴哈瓦尔普伊斯兰大学、信德农业大学、费萨拉巴德农业大学、巴基斯坦核生物技术和基因工程研究所、巴哈丁扎卡里亚大学）、1家企业合作（Nizami Industries）、5户农场合作。中国优质种子和农机具也有望出口至巴基斯坦。巴基斯坦总理粮食安全顾问、巴基斯坦联邦粮食安全与研究部长、旁遮普省首席部长、巴基斯坦农业研究委员会主席、巴基斯坦油籽发展委员会会长等巴方主要领导均表示将为未来的推广工作提供支持。

“玉米大豆带状复合种植技术得到巴基斯坦总理认可，我很激动。我希望中巴继续加强该技术的合作研究与应用，为解决两国所共同面临的大豆供需缺口问题做出贡献。”中国经济网记者第一时间采访杨文钰教授，他依然秉持自己最初的朴素愿望。

阿里更是激动到流泪：“我出身普通，能获得这种奖励离不开导师杨文钰和杨峰的悉心培养，希望我的故事能激励更多巴基斯坦年轻人。”在阿里眼中，杨文钰教授是父亲一般的角色，“他总是很尊重我并全力支持我，未来在导师的指导下，我会以更饱满的热情投入到实际工作中。”

杨文钰认为开展农业合作是深化两国友谊最为直接的途径，“农业合作与民生息息相关，中国的农业技术可以给巴基斯坦人民提供充足优质的肉、蛋、奶，让巴基斯坦人民更加健康，这将使巴基斯坦人民直接受益。”

随着中巴经济走廊建设进入第二阶段，有越来越多的中国农业技术想要走进巴基斯坦，帮助当地人民改善生活，以务实的方式促进双边关系发展。谈及成功带领中国农业技术走出去的秘诀，杨文钰说：“中国技术走出去的关键点在于，一是要满足他国的实际需求，二是要有坚信自己的技术且愿意坚守的人去试验示范，优秀的留学生是一个好选择，三是要敢于自己先投入经费先行先试。这三点既是秘诀，也是我的建议。”

2021年8月，玉米大豆带状复合种植技术在巴基斯坦的12个灌溉农业区试验

2019年12月，四川农业大学巴基斯坦籍博士后穆罕默德·阿里·拉扎与恩师杨文钰在博士研究生答辩会上合影留念。

示范点取得良好收成，玉米和大豆平均单位面积产量分别达到了7603公斤/公顷、1052公斤/公顷。未来，四川农业大学和巴哈瓦尔普伊斯兰大学合建的间作研究中心将在育种、栽培技术优化、植物保护等方面开展更为系统的合作，再加上中国高产种子和配套农机具的助力，相信玉米大豆带状复合种植技术在巴试验示范点下一季的产量会有进一步提升，为中巴共同提升粮食安全、增进两国友谊贡献更多力量。

中国经济网记者　王晓彤

巴基斯坦辣椒期待红遍中国

在巴基斯坦试种的中国品种辣椒

巴基斯坦拉合尔，300吨辣椒沐浴在夏日阳光下，鲜红发亮。

中国机械设备工程股份有限公司巴基斯坦子公司总经理、中巴农业与产业合作信息平台常务副秘书长吴光介绍称，期待这300吨辣椒经过采摘晾晒，出口到中国。

巴基斯坦辣椒怎么了？

据联合国粮食及农业组织数据显示，巴基斯坦是世界十大辣椒生产国之一，也是辣椒的主要消费国，其沿海地带的沙质土壤和干燥气候非常适合种植辣椒。

但自2015年以来，巴基斯坦的辣椒产量一直低于全球同期平均水平。从2014—2015财年到2017—2018财年，巴基斯坦辣椒的年平均产量约为14.34万吨，但在2018—2019财年降至12.69万吨，约为2017-2018财年峰值（14.81万吨）的85.7%。

以信德省为例。信德省是巴基斯坦红辣椒的主要产地，种植面积占巴辣椒种植总面积比例较大，其次为旁遮普省和俾路支省。但现代灌溉系统缺乏、化肥农药使用不当、专业培训不足等问题一直制约着信德省辣椒种植户的发展。

“现在还有巴基斯坦农民沿用20世纪60—80年代的耕作方法，其实早该淘汰了，采用现代技术才能增产。”巴基斯坦特别调查记者扎希德·吉施科里（Zahid Gishkori）建议道。

更糟糕的是，销售环节同样也是步步陷阱：佣金代理费过高、称重不当、价格波动、贮藏不当……这些障碍往往使辣椒种植者无法获得可观的利润。

巴基斯坦法蒂玛股份有限公司营销总监库鲁姆·贾韦德·马克布勒（Khurum Javed Maqbool）在接受采访时指出，目前巴基斯坦农业生态系统比较低效。“收割、加工、储藏、出售、再耕作……每一个环节都有进步空间。”

中巴合作为巴辣椒产业带来新前景

2021年7月，一个由中国机械设备工程股份有限公司、四川丽通食品有限公司、巴基斯坦种植户合作的辣椒试点农场开始挂果，产量约为巴基斯坦品种的3倍。

四川丽通食品有限公司董事长陈昌伟表示，2021年上半年，项目人员在拉合尔100英亩[①]的土地上成功种下辣椒，每英亩用种量380克，每英亩产量达到3吨，预计总产量将达到300吨。

据巴基斯坦国家粮食安全和研究部数据，2018—2019财年，巴基斯坦辣椒种植面积约为4.73万公顷，每公顷产量2.68吨（约为每英亩1.072吨），年产量约为12.69万吨。

---

① 英亩是英美制面积单位，1 英亩 =40.468648 公亩，后文同此。

同样的土地，同样的种植户，产量却是此前的3倍，这是何故？

巴基斯坦农民与中国农业专家在辣椒田交流。

种子是重头戏。陈昌伟表示，2019年以来，他们一共带了13个中国辣椒品种来到巴基斯坦。经过长达三年5次的试种后，PJH-302和PJH-407两个品种得到认证，适宜在巴基斯坦种植。

巴基斯坦国家粮食安全和研究部发布的《2019—2020年度年鉴》指出，种子是农业的根本。“良种在提高农业生产率、保障粮食安全和减贫方面具有重要作用。”

除种子外，田间管理也不容忽视。对农业行为和农民进行精细化管理，可以提高效率，降低风险。

中方农业专家对巴基斯坦种植户进行了种植技术培训。“我们按照每1000亩配三个专家的规模给大家配专家团队，所以你不会种也没问题，我们可以教你。”吴光表示。

当地还从中国引进了先进灌溉系统。乌麦尔·迪亚尔（Umer Diyal）是一名在拉合尔卡斯比（Qasbi）试点辣椒农场工作的农民。他说，这种灌溉系统能保证每株作物都能喝饱水，化肥成本也相应降低，“给辣椒浇水不再复杂，也不再昂贵。”

此外，订单农业在解决辣椒种植户对市场营销的担忧上也大有帮助。

农业经济存在一定的脆弱性，所以“我们在当地推广订单农业”。吴光告诉中国经济网，“我们跟农民签好合同，等他们收成之后，我们100%按照签约价格把辣椒都收回来。”

“辣椒收成后，自然晾干，然后运回中国进行进一步加工。”陈昌伟补充道。

“一名信德省纳瓦布沙（Nawabshah）的农民若收获了100英亩的辣椒，卖到当地市场，他获得的利润会很低。巴基斯坦约70%的辣椒种植户是家庭作坊，他们都希望将辣椒出口到其他国家。”吉施科里说。他认为，在疫情期间，订单农业为农户提供了在家门口实现出口的机会。

吴光认为，订单农业为当地创造就业岗位、降低企业风险、为农民增收，可谓一举多得。“下一阶段，我们计划把辣椒种植面积从现在的百亩规模推广到万亩规模。”

中国驻巴基斯坦大使农融亦对此试点项目表示赞许。他表示，该项目将年产8000吨干辣椒，每英亩辣椒每年将为当地农民带来10万卢比的纯收入。

此外，与中国相比，巴基斯坦在种植辣椒方面还有项优势。巴基斯坦的气候、水土与中国不同，辣椒在当地可以实现一年两熟。

辣椒喜热。陈昌伟指出，中国北方是重要的辣椒产区，但每年9月份以后气温偏低，大部分辣椒在中国只能种植一个季节。而巴基斯坦“6月中旬到8月的气温偏高，只要错开这个高温季节，可以在巴基斯坦完成两个季节的种植”。

陈昌伟坚定地说：“我们的终极目标是在巴基斯坦推广到20万英亩！”

以辣椒种植为支点，未来他们将进一步发展下游的深加工产业，为当地创造更多就业机会。

在面积100英亩的辣椒试验田中，每英亩播撒380克种子，产出能达到3吨。

小小辣椒，远大前程

吴光和陈昌伟进一步向记者分享了他们的三步走战略。

陈昌伟指出，项目第一阶段，中巴农业合作试点区将于五年内建成，在费萨拉巴德、木尔坦、开伯尔—普赫图赫瓦和拉合尔周边地区形成产业带。

第二阶段是从农业到工业，完成辣椒种植到产业链的延伸。在第一步的基础上，他们计划三年内在巴建立辣椒加工厂，提取辣椒精和辣椒红色素。

在第三阶段，他们将在五至十年内建成中巴食品工业园，以促进巴基斯坦辣椒深加工产品的出口。吴光解释称，辣椒只是开始，未来他们将在当地探索大蒜等农作物的种植可能，形成完整的产业链，就地进行原料深加工。

吴光称，“我们中国人吃的很多辣椒酱不仅仅有辣椒，里面还有大蒜、豆类。与出口原材料相比，出口罐装辣椒酱等深加工产品在清关上更便捷，利润也更高。”

“有了中国技术研究人员的参与，这个项目前景可期。”巴基斯坦农业研究委员会主席穆罕默德·阿泽姆·汗（Muhammad Azeem Khan）博士表示。他认为，在巴深加工的辣椒产品将打入外国市场，获得利润，从而带动巴基斯坦产业结构升级。

时任巴基斯坦国家粮食安全与研究部部长赛义德·法卡尔·伊玛目（Syed Fakhar Imam）补充说，此类双边合作将提高农业产量和质量，助力巴基斯坦产品进入国际市场。

目前巴基斯坦的辣椒和辣椒产品主要出口到沙特阿拉伯等中东市场。据巴基斯坦统计局数据，2019—2020财年，巴基斯坦对外出口了1825吨辣椒，价值5.813亿巴基斯坦卢比，仅占2016—2017财年辣椒出口峰值（5905吨，价值9.143亿巴基斯坦卢比）的63.6%。

中国已成为世界上最大的辣椒消费国，中巴合作前途广阔。根据中国海关总署数据，2020年，中国进口了4.98万吨辣椒，价值340.2万美元。但2020年全年，中国未从巴基斯坦进口任何辣椒或辣椒产品。过去5年里，中国只在2018—2019年从巴基斯坦进口了价值4099美元的辣椒加工产品。

对未来的路，吴光充满了雄心壮志，“当前巴基斯坦辣椒在中国的市场份额有限，但我们对巴辣椒进入中国市场充满信心。目前试点项目已经成功，未来我们一定可以实现从数百吨到数万吨产量的跨越！”

中国经济网记者　刘其瑜

巴基斯坦松子成中国坚果市场“奢侈品”

巴基斯坦松子

又是一年巴基斯坦松子采摘季，远在4000公里外的一座巴基斯坦小城巴勒吉纳尔，人们正忙碌着采摘，收获这份来自大自然的馈赠，然而中国的买家早已迫不及待。

打开中国主流电商平台，销量排名靠前的一家巴松店月销1万+，评论3009条，“松子香味浓郁、果肉饱满、颗粒超级大、轻轻一捏就开、没有烂果”的留言满是中国消费者对巴松的超级赞美，而这仅是中国几百家巴松电商之一。有意思的是，在中国市场上广为人知的巴西松子多指这种产自巴基斯坦西部或阿富汗的松子，无关巴西。

在中国坚果市场，巴松可谓名副其实的“奢侈品”。巴松在中国主要电商平台的售价每公斤约人民币320～600元（约合8584～16094卢比），然而巴基斯坦原产地出口商表示当地松子价格腰斩，每公斤只有1700卢比（约合人民币63元）。

为何同一种产品在中巴两国价格相差如此悬殊？巴基斯坦可能出口更多松子到中国吗？

中国需求：巴松成坚果中的“奢侈品”

据国际坚果及干果协会统计，中国是第二大松子仁消费国，2018年消费量达到3474吨，约是巴近5年平均年产量的1.2倍。

作为中国市场三大松子品种之一，巴基斯坦松子享有很高的溢价，被列为高端零食，一袋250克的巴松子售价约80元（约合2145卢比），是中国其他品种松子的近2倍。

中国消费者对巴松子的青睐带动了巨大的进口需求，中国成为巴基斯坦松子的主要出口目的地。巴基斯坦农业市场信息服务局数据显示，2018—2019财年（2018年7月—2019年6月，巴松丰年）、2019—2020财年（巴松小年）巴基斯坦分别向中国出口松子692吨、73.9吨，价值8.2亿卢比、1.9亿卢比，占巴松子出口总量的45.86%、14%。

2020—2021年产季（2020年7月—2021年6月）巴基斯坦松子丰收。

然而在2020年10月巴松大丰收后，中国企业却持续面临买不到、价格高企的问题。“明明是丰收年，春节（2月）前我想多进200包，没货，春节后价格反常上涨，原料180元/公斤（约合4828卢比/公斤），之后又涨到220元/公斤（约合5901卢比），较前几年每公斤120元的价格（约合3218卢比），上涨了100元（约合2682卢比），近乎翻倍。”

巴产量翻倍：第五大松子仁生产国

巴松丰年为何价格不降反升，我们先来看看巴松的生产。

据了解，巴基斯坦松子采摘自巴基斯坦西北部地区。奇尔戈萨松林（Chilgoza）生长在海拔1800到3350米之间，20年到25年才能开始结果，并持续约70年到80年。一个松塔从开花到成熟期约3年，产量极为有限。

巴基斯坦尚未成熟的松果

“收获松子是一个艰苦的工作。农户要去松树林摘下松果，放在大袋子里，一直扛到家里。”巴基斯坦松子贸易商贾韦德（Javeed）说。通常来说，采收150卡纳尔（18.75英亩）大小的松林需要15人，12名男性爬上树采摘松果，3名女性在树下收集松果并装袋。一棵奇尔戈萨松的松子产量为3～5公斤。

贸易商从农户处收集松果后，进行洗涤、烘干，以免松子在运输途中腐烂。“巴基斯坦松果9月20日左右完全成熟后，开始采摘，大约需要15到20天才能收集齐所有松果。之后进行冲洗，洗涤过程需要10到15天，再等15天变干，松果自然会打开，从中取出松子。”

巴工人敲打、取得松子。

之后中国松子机器将帮助巴基斯坦松子进行分级。“我们从中国购买了将空壳分开的机器，还有其他机器可以根据松子大小和质量进行分级，进行标准化处理及出口。”巴基斯坦松子出口商杭州Nazi食品有限公司首席执行官亚尔·穆罕默德·尼亚兹（Yar Muhammad Niaz）说。巴基斯坦松子分为A、B、C三级。“通过中国的机器，可以更容易分辨不同品质的松子。”巴基斯坦松子贸易商扎赫尔·沙（Zahoor Shah）说。

巴基斯坦人将松子放入中国分级机，进行筛选。

在2020—2021产季（2020年7月—2021年6月），国际坚果及干果协会的数据显示，巴基斯坦松子仁产量达到2800吨，是2019—2020产季的1.9倍。巴基斯坦成为全球第五大松子仁生产国。一般松子产量每年都有波动，三年小丰收，五年大丰收。

对华出口增长：空运费降低

中国作为全球第二大消费市场，近年在巴基斯坦松子出口中占据较大比重。

即使在疫情蔓延的2020—2021年产季，巴基斯坦松子对华也有大量出口。

从运输渠道看，巴松子对华出口主要陆运通道受疫情影响较大。尼亚兹表示："中国的巴松加工厂主要在浙江省，从伊斯兰堡到浙江的公路运输需2周时间，陆运是松子出口最优惠的方式。"

"在一个产季里，我们大约有700至800吨的松子通过陆运从巴基斯坦出口到中国，然而2021年1公斤都没有出口。由于此前道路封锁，松子价格已降至原价一半。2019年我们以每公斤5000卢比（约合人民币186元）出口到中国，但2020年在国内市场我们每公斤只能卖1700卢比（约合人民币63元）。"巴基斯坦松子贸易商米尔·阿夫扎尔（Mir Afzal）说道。

巴基斯坦农户挑选松子。

价格较高的空运成为中巴贸易商的第二选择。尼亚兹认为，空运能保证松子按时运抵并销售。"受益于中巴直航开通，2021年航空运费降低了不少，平均每公斤运费只要10块。"中国巴松加工企业负责人说。尼亚兹补充道，他们与阿联酋、卡塔尔等国外航空公司合作较多，比巴基斯坦国家航空公司（PIA）运费便宜、服务快。"如果PIA提供合理价格，这将是一项很棒的生意。"

此外，受益于中巴自贸协定第二阶段议定书，巴松子出口中国零关税。"此前，我们松子出口中国需支付36%的关税，每公斤大概10元，成本就会增加。议定书降税安排2020年实施开始，出口松子到中国零关税，这使我们受益匪浅，非常感谢巴基斯坦和中国政府。”尼亚兹说。

在空运费降低和零关税利好下，虽然巴基斯坦尚未发布2020—2021财年松子出口数据，但尼亚兹估计，巴松子对华出口量有大幅增长。这一点从中国海关总署数据中也能获得间接印证，2021年1—8月，巴基斯坦出口中国的松子仁110千克、2367美元。而对华出口的主力军带壳松子目前没有单独贸易代码，归类于未列名鲜或干坚果（注：商品编码08029090），该类别2020年7月至2021年6月巴对华出口量达到931吨，是2019年7月至2020年6月的5倍多。

巴松子丰收、对华出口量增长，在华巴松子生料为何仍价格高企？

尼亚兹认为主要是因为中国庞大的市场需求。他说，巴松在中国市场的价格整体是上涨趋势。像最近5年，2016年、2017年、2018年、2019年、2020年巴基斯坦松子在华每公斤均价分别约合3298卢比（123元）、3044卢比（113元）、3805卢比（141元）、5834卢比（217元）、4566卢比（170元）。

巴基斯坦本地销售的松子

在中国巴松加工企业负责人看来，巴松在中国市场炒熟后130元/公斤（3487

卢比/公斤）的价格是合理的，超过这个价格，对巴松的需求就会下降。

中巴合作：深加工本地化或提速

未来巴中松子还有哪些合作潜力？

松子在巴深加工或是合作方向。“此前，巴基斯坦松子生料出口中国后，在浙江省杭州市附近深加工，现在中巴两国政府合作建立产业园区，如果把松子产业链转移至巴基斯坦，可加工松子仁、松子油等，创造就业机会的同时，高附加值产品出口中国或中东可为巴创造更多外汇。”巴基斯坦中国工商联合会高级投资顾问、中国新疆浩彦国际商务咨询有限公司董事长马小彦说。

深加工还能提升巴松子的产品附加值。尼亚兹解释说：“炒熟的松子利润率要高一些，大约15%到20%，而原材料利润率仅10%。”

不过推进松子深加工落地巴基斯坦尚有“拦路虎”。一位在中国从事巴松加工生意的业内人士回忆道：“我们2013年就在巴建过合资工厂，赔了100万元（约合2682万卢比）。当时设备都运到巴了，但发现巴当地松子售价还没有在中国直接购买的便宜。”

一颗巴基斯坦松子，滋养着一条长长的产业链。在中国消费者和巴农户之间，是两国经销商、进出口商、生产商、零售商等各环节的博弈共赢。期待未来小小巴松给每个参与者带来更多收获。

作者　陈佳琪　扎法尔·侯赛因　郭彩萍

中国农业“芯片”为巴基斯坦土地赋能

袁隆平农业高科技股份有限公司副总裁、水稻首席专家杨远柱（右二）与中巴技术人员在隆平高科巴基斯坦拉合尔试验田选种。

随着中巴经济走廊将重心延伸至农业等民生领域，巴基斯坦与中国农业合作日渐加深。作为农业“芯片”，种子合作是重中之重。

中国曾经是全球种子缺口最大的国家之一，一度有超过九成棉种来自海外。从2000年《种子法》颁布到2016年新《种子法》施行，随着全社会上下对于种子安全问题的重视和投入不断加大，中国从种子进口大国，逐渐迈向“常规育种+

生物技术+信息化”的育种“4.0时代”。中国化工集团有限公司也通过并购先正达，迈入国际种业巨头行列。

2021年3月18日，在中巴农业与产业合作信息平台举办的中巴种业合作交流洽谈会上，就如何进一步促进种业领域合作，中巴两国农业人士各抒己见。

巴基斯坦小麦产量还能提高20%

巴基斯坦是全世界十大小麦主产国之一，小麦种植面积约1.3亿亩，占全国总耕地面积的44%，而平均亩产仅200公斤左右。在2020年夏天遭遇旱灾蝗灾之后，为了抑制由于供需形势偏紧导致的面粉价格上涨，巴基斯坦加快了小麦进口。

2019年，巴基斯坦小麦单产水平约2800公斤/公顷，较世界平均水平3550公斤/公顷，还有20%以上的提升空间。针对这一落差，北京市农林科学院张胜全博士表示，“2012年我们在巴基斯坦进行二系杂交小麦合作研发工作，平均增产幅度达到20%以上，到去年（2020年），这一数字变成50%，最高能达到70%。”

巴基斯坦嘉德农业公司（GUARD AGRI）是第一批引进中国杂交小麦的巴基斯坦农业公司，公司首席执行官沙赫扎德·阿里·马利克（Shahzad Ali Malik）

巴基斯坦小麦田

告诉记者，引进中国杂交小麦的过程充满挑战，但是他们依然相信中国的杂交小麦将有助于提高巴基斯坦的粮食产量。“中国种子企业恪守职业道德，注重质量，信守承诺。双方的合作建立在安全、合作、共赢的基础上。这是巴基斯坦和中国企业保持牢固合作的基础。”

制约巴基斯坦小麦生产水平提高的因素主要包括品种产量潜力低、管理粗放、高温干旱、锈病危害严重等，而中国杂交小麦的抗旱、耐瘠薄特性，恰恰适合在巴基斯坦播种。河北农林科学院育种团队李辉博士表示，中国河北地区和巴基斯坦自然条件类似，以“抗旱节水、稳产广适”为研究主攻目标，培育出的30个节水小麦品种有望借助中巴农业和产业信息合作平台引入巴基斯坦。

巴基斯坦棉花

12%土地种出25%棉花的“白色奇迹”

国家统计局数据显示，2020年中国棉花总产量591.0万吨，比2019年持平略增，这是在棉花播种面积比上年减少5.1%的情况下考出的答卷，单位面积产量为124.3公斤/亩，比上年增长5.7%。山东农科院棉花中心主任董合忠告诉记者，目前中国占世界棉花产量的25%，而中国的棉花种植面积仅占世界的12%。中国棉花高产的秘密就在于中国棉花种植的“黑科技”。

和“玉米大豆间种技术”一样，董合忠采用了“双花间种”，即“棉花-花生间种技术”，而且和传统间种不同的是，这种间种技术采取“轮流坐庄”的方式：“第一年我们左边种棉花，右边种花生，到了第二年，我们会把棉花和花生的位置进行调换，这样土壤的性质会因此而保持稳定。由于这种间种技术，棉花的产量提高了20%，土壤的肥力有所上升。”

中国新疆常年干旱少雨，和巴基斯坦气候情况类似，但正是在这种极端恶劣的自然条件下，新疆的棉花产量占全国产量接近90%，秘诀在于新疆棉田在2006年以后，推广了水肥一体化，特别是膜下滴灌技术的使用，提高了灌溉保证率，提高了肥料的利用率，减少了机械作业层次，同时也提高了土地的利用率，抑制了杂草的生长，有利于棉花的高产、优质和降低劳动强度，提高经济效益。

新疆天业节水灌溉股份有限公司总经理杨万森用“五节两增一提高”来形容取得的效果，五节是指节水、节肥、节约劳动力、节约土地、节约成本，两增是增产30%和增效50%，一提高是提高了农业生产的可控性。“在全国29个省、市、自治区累计推广近8000万亩地。”

巴基斯坦迫切需要提高棉花单产。巴基斯坦四兄弟集团首席执行官贾韦德·萨利姆·库雷希（Jawed Salim Qureshi）表达了渴望合作的迫切之情，“我们急需与中国在棉花种植方面进行合作，巴基斯坦需要应对害虫以及全球变暖对棉花产量的影响。对中巴农业领域来说，进行科研合作不仅有助于巴基斯坦棉花产量，而且对全球棉花产量也有贡献，我们希望看到巴基斯坦产品能够出口到全世界各地。”

种子只是开端

为实现中巴农业合作信息的对接互通、推进两国间的B2B合作，中国经济网和中国机械设备工程股份有限公司牵头成立的“中巴农业合作交流中心”共同搭建中巴农业与产业合作信息平台，并于2021年1月26日正式启动。中巴种业合作交流洽谈会是中巴农业与产业合作信息平台举行细分领域线上研讨会。

在洽谈会上，时任巴基斯坦粮食安全与研究部前部长赛义德·法哈尔·伊玛姆（Syed Fakhar Imam）表示，在过去的几年中，巴基斯坦也在努力创建有利的环境，从而更好促进巴基斯坦种业发展，这就要求巴基斯坦的种业公司在投资研发等方面做出更大努力，并进一步促进新的种类的认证。

他认为巴基斯坦种业发展有很大潜力，能够满足当地需求，并且进一步促进巴基斯坦向其他国家出口种子，通过中巴两国的合资企业和双方的努力，我们也看到种业领域的工作在向前推进。他盛赞中巴农业与产业合作信息平台为巴基斯坦提供了一个引进技术的渠道。“这个平台能够帮助我们进一步促进和推动农业现代化发展，也帮助我们进一步实现脱贫的目标。”

巴基斯坦旁遮普省有巴基斯坦国内70%的耕地和80%的粮食产量，由于自然条件好，中国与巴基斯坦的农业合作项目主要集中在旁遮普省。中国驻巴基斯坦旁遮普省拉合尔市代总领事彭政武在洽谈会上建议，中方企业可以利用品种优势与巴方加强种业合作，帮助巴方增添种业创新源动力，促进种业稳步健康发展。

中国经济网记者　贾　玮

“数字巴基斯坦”：中企助力巴通信业代际跨越

中国移动巴基斯坦有限公司2019年8月在其总部举办5G试验局开通仪式。

在巴基斯坦大城市街头，挂有各种中国手机品牌标识的店面十分常见，乍一看就像在国内的某条街道。而这满目标识的背后是中国企业对巴基斯坦数字化建设的深度参与。

领跑：覆盖巴3/4G用户近三分之一

长期以来，巴基斯坦移动通信以2G信号为主，面临传输效率低、信号不稳定等诸多弊端，无法满足巴基斯坦国内市场需求。在效率即效益的时代，一场“数字革命”势在必行。

2018年5月，巴联邦内阁通过了由巴信息技术和电信部提交的首个“数字巴基斯坦政策”，力图为巴创造一个快速、创新的数字服务、信息应用及科技服务的数字生态系统，由此掀起了变革的浪潮，巴基斯坦数字经济发展驶入快车道。

巴电信管理局数据显示，截至2021年9月，巴移动用户数量已达到1.86亿，普及率近85%，其中3G和4G用户达到1.05亿。中国企业在其中扮演了重要角色，将近每4个3G和4G用户中就有1个使用来自中国企业的服务。

截至2021年9月，巴基斯坦拥有移动通信用户1.86亿，其中3G、4G用户1.05亿，渗透率为47.47%，未来仍有很大增长空间。来源为巴基斯坦电信管理局（PTA）。

“ZONG目前在巴基斯坦拥有客户超过4000多万，其中2700万是3G和4G用户。我们在巴率先铺设了4G网络，一直处于巴基斯坦数字时代的前沿。”ZONG首席执行官王华说。ZONG是中国移动在巴全资子公司辛姆巴科公司创建的国际品牌。截至2021年5月，ZONG已在巴建设超过1.4万座4G基站，并为巴俾路支省农村地区提供高速移动宽带，未来将覆盖扎夫拉巴德、巴德和沙赫巴普的227个无服务地区。“ZONG希望利用4G LTE技术优势，提供完全互联的环境，提供可靠和高性价比的产品。”

“数字巴基斯坦”为ZONG打开了市场拓展的蓝海。在成熟的通信技术引领下，ZONG在巴市场份额快速攀升，从2007年初入巴基斯坦时的2%一路增至2020年的24%，增幅10倍，跻身巴第二大通信运营商。

移动通信技术迭代升级的道路上，终端供应的改变同样重要。作为在巴头部厂商之一，OPPO凭借技术专利储备及市场洞察力，加速了巴从功能机向智能机、从3G向4G的转型。OPPO巴基斯坦首席执行官龙刚回忆说：“2014年进入巴基斯坦时，我们是第一家、也是唯一一家提供智能手机的厂商。”目前OPPO手机在巴覆盖了高中低不同层级市场需求，巴电商网站Daraz.pk显示，其单机售价从约合人民币450元到4300元不等。

在巴基斯坦本地市场，随处可见的中国手机品牌。

网络搭好、终端就绪，巴移动互联网行业实现跳跃式发展。《巴基斯坦电信管理局（PTA）2020年年度报告》显示，2020财年（2019年7月至2020年6月）巴移动数据使用量达到4498PB字节（1PB约等于1000TB），同比增长77%以上。报告认为，如果没有通信网络的升级，不可能实现如此大的增幅。

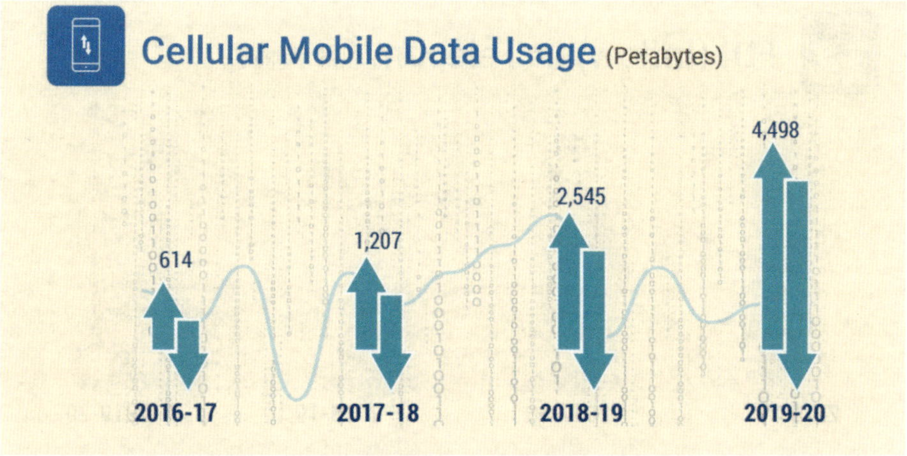

2020财年（2019年7月至2020年6月）巴移动数据使用量同比增长77%以上。来源为《巴基斯坦电信管理局（PTA）2020年年度报告》。

趋势：加速在巴本土化手机制造

与巨大的市场空间相比，巴本土手机制造业尚未形成足够的供应能力。巴基斯坦统计局数据显示，2020年7月至2021年5月，巴手机进口额达18.6亿美元，同比增长63.4%。成品进口、零部件进口不仅抬高了手机的市场售价，也加剧了巴外汇短缺问题。

中国手机厂商正加速推进在巴本土化制造。2021年5月，至少3家中企获得了巴电信管理局颁发的移动设备制造许可证，有效期10年。这将有利于降低手机在巴市场的整体成本，并激活手机设备从产到销的行业链条。

实际上，电信业越来越成为巴吸引外资的重要领域。巴电信管理局报告显示，2020年巴电信业吸收外资6.23亿美元，在该国外国直接投资（FDI）总额中占比达到25%。而且近年巴电信业吸收外资金额增长迅速，2019—2020财年巴电信领域吸收外资金额约是2016—2017财年的6.5倍。

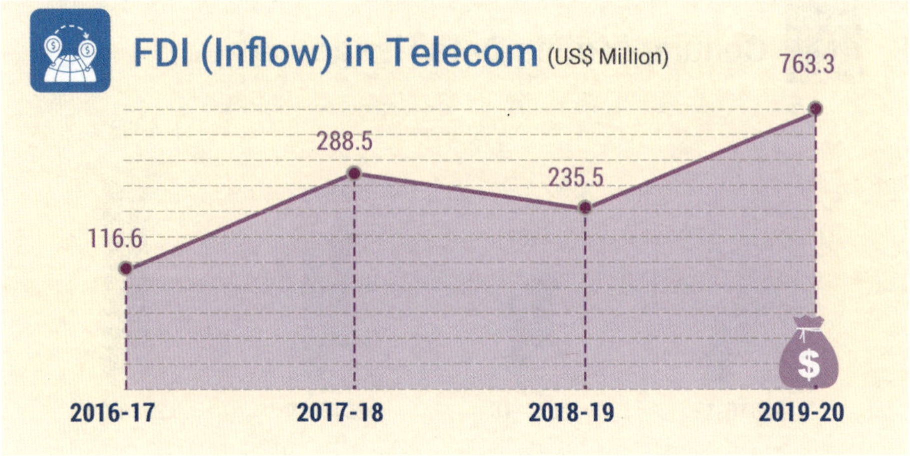

《巴基斯坦电信管理局（PTA）2020年年度报告》显示，2019-20财年巴电信领域吸收外资金额约是2016-17财年的6.5倍。

其中，ZONG就是巴基斯坦最大的外国投资者之一。自进入巴基斯坦市场以来，ZONG在巴基斯坦电信市场的累计投资超过2500亿卢比（约合16亿美元）。

未来：探索5G+IoT无限可能

5G+IoT（物联网）是巴基斯坦通信业的重要发展方向之一。业内推测，5G技术有可能先在巴局部地区启动应用试点，实现全巴范围的广泛应用还需要三到五年时间。

尚不成熟的产业环境是巴5G发展面临的挑战之一，包括5G手机的渗透和频谱的发放。“这对巴基斯坦来说是一个漫长的过程，仍需要时间。目前巴政府和监管机构正在努力创建5G产业发展框架，之后将进行许可证拍卖。”王华透露。早在2019年8月，ZONG已在巴成功测试5G服务，是巴通信业第一家。

目前ZONG与巴信息技术和电信部(MOITT)、巴电信管理局密切联系，参与制定巴5G路线图。“希望巴基斯坦政府在投资、创新上给予政策倾斜，尽早在巴实现5G环境。”王华说。

“OPPO在2021年早些时候已经在巴推出其首款支持5G的设备Reno5 Pro 5G。”龙刚说，OPPO还在巴推出TWS耳机、智能手环、智能手表等一系列穿戴产品。“我们将持续探索IoT产品与5G技术结合在巴基斯坦的无限可能。”

作者 孟凡荣 韩蕊芳

费舍尔：技术赋能 中国制造引领 巴基斯坦家电业发展

海尔巴基斯坦工业园总体规划

5月，巴基斯坦拉合尔，40度高温。下班路上，远程打开家里的空调，调节到舒适温度，进门就凉爽。“这是非常受巴消费者欢迎的一项功能。”海尔合作伙伴、巴基斯坦JW集团总裁费舍尔（Shah Faisal）向记者生动描绘了上述场景，说明中国智慧家电在巴的市场反响。

不只是空调，在冰箱、洗衣机、电视等巴整体家电领域，中国企业正持续推出本土化创新产品，塑造中国品牌高品质、高价值形象，并带动巴整体家电产业发展。

海尔合作伙伴、巴基斯坦JW集团总裁费舍尔（Shah Faisal）

技术引领 中国品牌成巴最受欢迎家电

酷暑时节，巴基斯坦却面临一天5到6次的频繁停电、空调无法使用的困境。“针对这一用户痛点，我们推出UPS蓄电池空调，停电不停机，一块蓄电池可以带动空调连续运转4小时左右。”海尔巴基斯坦工业园总经理胡刚刚几句话道出了中国家电企业在巴差异化、高品质的发展路径。

从第一台带有净化功能的空调，到制冰速度提升5倍且节能55%的冰箱，再到带断电记忆的全自动洗衣机，中国家电企业聚焦巴用户需求，坚持提供高品质中国产品，一步步走入了巴基斯坦人的生活。中国品牌成为高品质、可靠、高价值的代名词。

领先的技术也为中国家电疫情下在巴逆势增长奠定了基础。以海尔为例，海尔智家股份有限公司2020年年度报告显示，在疫情蔓延、巴市场容量萎缩的背景下，海尔在巴收入增幅仍超过17%，其中线上零售额增幅超3倍，冰箱、家用冷柜、空调、洗衣机均达到巴市场份额第一。

整体看，目前巴家电用户普及率仍很低，市场空间广阔。全球数据分析机构Statista预计，2021—2025年，巴家电业年增长率4.57%，到2025年市场规模将达到9600万美元，用户数量将达1080万，用户普及率提升至4.4%。

生产本土化提升 助巴建能效标准体系

对巴基斯坦而言，中国企业不只带来了更好的产品，更带动了巴家电产业的整体发展。巴基斯坦工业基础薄弱，家电业本土制造、技术实力较弱，高度依赖进口。海尔自2001年在巴投资建厂、建立海尔巴基斯坦工业园以来，设立冰箱、冷柜、空调、洗衣机和电视等家电生产工厂，本土化程度相比2006年整体提高了25%。

海尔巴基斯坦工业园中的家电生产线

这首先给巴当地就业带来了利好。“海尔巴基斯坦工业园为巴提供直接就业岗位4500个，间接就业岗位超1万个。”费舍尔告诉中国经济网记者。

其次，巴本土家电产业链不断完善，一批巴供应商快速发展，有的产值翻倍。比如巴家电部件配套商JW Vendor City与香港远陆公司成立的合资公司，从2009年钣金件加工，到2021年建成占地3万平方米的工厂，业务扩至家电、贸易类。

更重要的是技术效应。“工业园的建设带动了巴家电业技术的升级。”费舍尔说。以空调标准体系为例，2020年海尔与巴科技部共建空调实验室，协助巴基斯坦建立空调能效标准体系，配合政府引导产品往高能效节能方向发展，为巴国家能效标识的实施提供测试保障和能效证书。“由巴基斯坦国家认证委员会（PNAC）认可的海尔焓差实验室发布的测试报告在全球范围内得到了70多个国家的MRA成员的认可，对巴各企业出口业务打下坚实基础。”

未来，“物联网家电是升级迭代趋势，智慧家电将在巴基斯坦用户的日常生活中扮演愈发重要的角色。”胡刚刚说。而海尔巴基斯坦“在5年的战略规划中，将逐渐从家电品牌向多品牌融入的生态平台转型，为消费者提供完整场景解决方案。”费舍尔补充道。

作者　孟凡荣

哈桑：拉沙卡伊经济特区是巴基斯坦开普省的工业基石

拉沙卡伊经济特区效果图

令人叹为观止的山脉、郁郁葱葱的山谷和一碧万顷的湖泊，是巴基斯坦开伯尔—普什图省（以下简称开普省）给人留下的难忘印象，到访的旅客往往用“不可辜负”来形容它的美。

近年来，为了拉动当地经济发展，开普省推出了一揽子举措，挖掘自然资源，以期吸引世界各地尤其是中国的游客和投资商。开普省投资贸易委员会首席执行官哈桑就此接受了媒体采访。

巴开普省投资贸易委员会CEO哈桑

打造考古旅游、探险旅游

巴基斯坦一直强调发展旅游业，开普省便是其重点打造的旅游目的地之一。美轮美奂、山清水秀的生态环境，为其发展旅游产业提供了丰富的自然资源。以

开普省景色

此为基础，开普省投贸委与旅游部、开普省政府共同致力于“考古旅游”“探险旅游”开发，投入大量资金发展旅游业。

“偏远和欠发达地区的生态保留完好，这是大自然的福祉，我们要做的只是加强基础设施和服务业配套。”哈桑介绍，“这里已经建立了合适的旅游基建和配套设施，交通路网也比较发达，方便游客往返于不同景点。此外，省内的大部分地区都有互联网覆盖，这也为游客提供了必要的通讯保障。”

开普人民庆祝Kalash节日。

哈桑表示，开普省正在通过各类线上线下推介活动，吸引来自中国和其他国家的投资者。2021年上半年，开普省投贸委与中国相关机构举办了一次线上投资促进会。“旅游业是在美国的巴基斯坦侨民的主要投资领域，我们期待与中国投资者也进行更多这样的互动。旅游业是一个链条，外商进入将能带动当地中小企业共同发展，对开普省经济发展起到杠杆作用，产生可观的收入和外汇。”

为矿产资源开发利用创造条件

除了旅游资源外，开普省还拥有丰富的石油、天然气、水力和矿产资源。该省地理位置优越，西北部毗邻阿富汗，是进入中亚的重要门户，喀喇昆仑公路端点塔科特也位于此，为产品跨国流通提供了有力支撑。

开普省的宝石矿产资源

中巴经济走廊项目下产业园区之一的巴拉沙卡伊经济特区于2021年5月28日举行商业启动仪式。“拉沙卡伊经济特区是开普省大力发展工业的基石，这里生产的宝石等，可以十分便利地出口到中国和世界其他国家和地区。”哈桑表示。

“开普省政府计划促进工业均衡发展，增强全省经济实力。同时，开普省也欢迎外国企业尤其是中国企业共同开发当地资源，我们愿意为投资者提供支持，并通过提高营商便利度创造可持续投资环境。”

作者　孟凡荣

“肝”胆相照
中巴医疗走廊上的肝移植医生

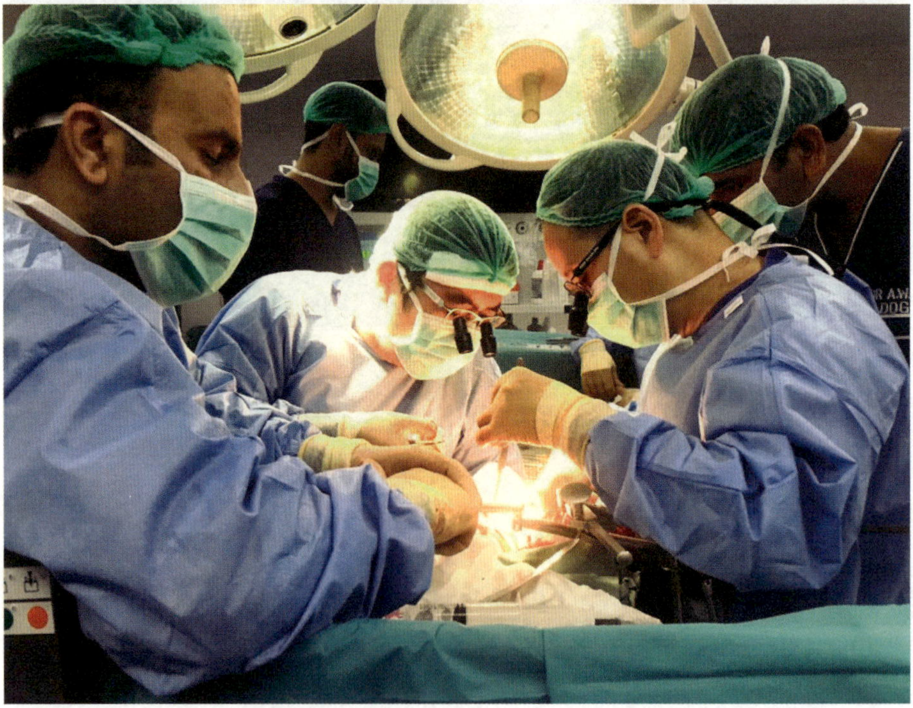

中巴双方医生正在进行肝移植手术。

我第一次见到朱志军主任是在2019年11月去巴基斯坦首都伊斯兰堡的飞机上。

那天，机上一名乘客突然昏迷，乘务人员通过机上广播寻找医务人员对该乘客进行救治。片刻，朱志军便和巴基斯坦籍医生吴卡斯走了过来，说：“病人在哪儿？我是医生。”两人随后对病人进行了有条不紊地诊断和急救。二十分钟后，病人脱离了危险，朱志军和乘务人员交代了几句便擦了擦额角坐回了座位，闭目养神。我则走上前去和吴卡斯攀谈起来。

原来，朱志军是首都医科大学附属北京友谊医院肝脏移植中心主任，吴卡斯则是该中心的医生。他们每个月都要去伊斯兰堡为当地病患做四天的肝移植手术，不收一分钱的手术费。

友谊医院肝脏移植中心牵头开展的中国—巴基斯坦国际医疗合作项目自2015年启动至2021年已进入第六年。在中巴建交七十周年之际，记者对朱志军及其团队医生进行了专访。

首都医科大学附属北京友谊医院肝脏移植中心主任朱志军　　张　鹏摄

曲折成行

2003年的一天，当时在天津第一中心医院工作的朱志军接手了一个终末期肝衰竭的巴基斯坦病人。令他没想到的是，从此他就和巴基斯坦结下了不解之缘。

“当时北京的医院很少做肝移植手术，国内的肝移植大多在天津，所以他（这个巴基斯坦病人）就被转来了。当时我们接手的时候，病人是丙肝肝硬化，终末期肝衰竭，出现大量腹水，内科已经没办法治疗了，面临严重生命危险。”朱志军回忆道，“但幸运的是，经过手术治疗后，这个病人恢复得特别好。”

一战成名，中国医生肝移植技术高超的消息在巴基斯坦国内不胫而走。巴基斯坦又是肝病高发国家，丙肝和乙肝的发生率都很高，但巴基斯坦本国每年能完成的肝移植手术大概超不过200例。因此，巴政府急需培养本地肝移植人才。

经过多次沟通和长期接触，在多次赴巴参加肝病会议后，2015年，朱志军收到了巴基斯坦驻华大使馆的正式邀约。“巴基斯坦使馆来到我们医院，问我们能不能合作，第一是帮助培训巴基斯坦的医生，第二是说想让我们为巴基斯坦病人做手术。”他回忆道。

由于肝脏移植涉及问题众多，手续复杂，如何为巴基斯坦病人做手术成了大难题。但朱志军仍决定迎难而上，他说：“肝脏移植很特殊，它没有替代治疗，不像肾移植可以用透析代替，心脏可以做人工心脏，肝衰出现后如果不做肝移

中巴双方团队合影

植，病人就面临生命危险。当时在巴基斯坦，我看到很多病人得不到治疗，病情到了晚期，出现严重腹水、瘙痒黄疸，最后就是肝衰，这让我非常惋惜痛心，因为这些病其实只要有技术，都是可以治疗的。”

经过漫长的协调沟通，中巴双方团队最终确定了由巴方提供硬件设施，中方医生赴巴实施手术这一方式，于2018年正式成行。

赴巴行医

从那以后，朱志军和他所带领的团队就开始定期去巴基斯坦为当地病人进行手术。

医院的工作本身就十分繁忙，还要远渡重洋去巴基斯坦做手术，他们只能压缩自己的休息时间。朱志军说：“一开始，我们身边的家人、同事、朋友觉得这样会牵扯我们很多的精力。我们一个月至少得去一次，一次要去4天左右。且不说路上单程六个小时的飞行时间，到达巴基斯坦之后我们每天还要连续做十几个小时的工作，确实比较辛苦。尤其我们有几个同事，他们的孩子都很小，他们加入这个项目之后就完全照顾不上家里了。”

即便如此，这个项目还是得到了家人和院方的支持。朱志军欣慰地说：“大家也理解我们是为了中巴医疗技术交流。我们帮助巴基斯坦病人恢复了健康，同时帮助他们发展技术培养人才，大家都有一种荣誉感和使命感。我们医院也特别地支持，院领导一直在帮我们联系协调，这样就减少了我们的后顾之忧。”

截至2021年5月，朱志军及其团队已为巴基斯坦病人做了超过四十台肝移植手术。病人们在术后恢复状况良好，其中不少患者已经回到了正常的生活和工作岗位，但有一位患者的情况着实让朱志军捏了把汗。

这个病例是一位巴基斯坦现役军人，为他捐献活体肝的是他的弟弟。这个军人身材高大，体重超90公斤，而弟弟身材瘦削。朱志军回忆道：“这就面临着供肝不够用的问题，切多了可能面临残肝不够，弟弟的身体健康就会受到威胁。这种背景下保证供者安全是第一位的，宁愿不做也不能让供者有闪失。”

经过了缜密设计和多方会诊后，手术成功实施，患者和供者都平安无事，朱志军及其团队又和巴基斯坦医护人员共同创造了一个生命奇迹。

由于新冠肺炎疫情在全球范围内暴发，朱志军及其团队的赴巴行医被迫暂停，但他们并没有为此放下巴基斯坦的病人们。朱志军说："器官移植的特点就是要100%的终身随访。我们现在不能去巴基斯坦，就只能和巴方医生联系，从而了解病人情况。巴方医护人员会把病人的资料发给我们，让我们帮他们做诊断出主意。当然，还是亲眼看见病人我们心里才会更踏实一些。"

2021年初，巴基斯坦史上首位陆军女中将，陆军军医处长尼格尔·乔哈尔给朱志军寄来一封信。在信中，乔哈尔表示希望疫情能尽快结束，中巴肝移植项目能尽快恢复，"肝病病人并不会因为疫情减少，这个需求还在。"

授人以渔

除了无偿为巴基斯坦病人做肝移植手术外，朱志军及其团队更专注于培养当地医疗人才，提高当地医疗水平。项目开展以来，他们去巴基斯坦做的肝移植手术都会让当地医生在场观摩学习。课后，他们还会为巴方医护人员讲课、开会，并让他们在模型上进行练习。

2019年，巴基斯坦军方医院派8名医生来华，向友谊医院肝移植中心的医生们学习技术。朱志军介绍："在学习的过程当中，他们每天都在看我们管理病人、术前评估、实施手术。期间，我们也在不断地交流，只要是我们医院跟移植相关的会议，包括外科、麻醉等方面，我们都会带他们参加。"

巴方医生在这种理论加实操的学习中，成长迅速。"虽然之前他们也到欧美国家去学习，但他们在那边很少有真正上台操作的机会。我们去巴基斯坦医院里做手术，也尽量给他们实践的机会。一开始是我们站在主要位置，他们做助手，慢慢的他们可以自己做一些不是特别关键的步骤。到现在，我们已经不用一开始就上台了，他们可以先上去，我们在边上看着。"朱志军说，"再有两三年的时间，这批医生的技术就差不多成熟了，我们就可以放心地让他们在我们不在场的情况下独立完成肝移植手术了。”

朱志军还表示，该项目的下一个交流重点将放在腔镜和基因检测等技术上。

腔镜微创技术在我国已日趋成熟，这将减少手术对供者的创伤，恢复期短。巴方对这一技术十分感兴趣，朱志军希望下一步能把这一技术介绍到巴基斯坦。

肝移植手术不光涉及外科技术，还有随访检查。朱志军介绍称：“巴基斯坦现在还有一些检查工作是做不了的，就比如说遗传代谢病的基因分析，他们没有这一技术，只能依靠临床判断。临床判断和现在的基因检测技术相比，还是有很大差距。所以我们想，下一步还要帮巴基斯坦引进这种随访中的特殊检测。”

在访谈的最后，朱志军说：“作为中国医生，我们对中巴友好是有责任感的，我们应该要去维护并且进一步促进它。这些年我们去巴基斯坦这么多次，能够深切地感受到巴基斯坦人民对我们的尊重和爱护。所以我们也希望在‘一带一路’倡议下，在中巴建交70周年的背景下，两国能尽快战胜疫情，恢复我们在肝脏移植领域的交流合作，让更多的病人能够受益。‘一带一路’不单单是经济和基建的投资，还包括了卫生技术等民生方面的交流。就像我们移植领域的老前辈，前卫生部副部长黄洁夫教授当时鼓励我们说的那样，‘一定要把中巴肝移植交流这个事情坚持做下去，并且争取培养更多巴基斯坦医生’。交流是双赢的，我们也希望在以后更深入的合作中，中巴两国医务工作者都能共同进步。”

作者 施 予

一定要对每一位巴基斯坦病患负责

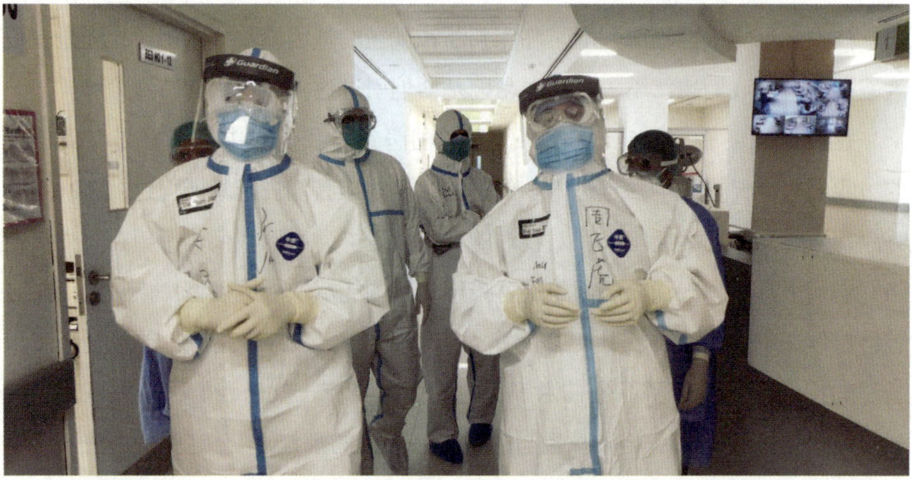

2020年4月，中国赴巴抗疫专家组进病房看病人，右为专家组组长、解放军总医院重症医学专家周飞虎。

新冠肺炎疫情在巴基斯坦暴发以来，到2021年9月，确诊病例累计已突破百万。巴各医院不断面临新的压力，所有医护人员持续投入紧张的抗疫工作中。喇杰廉、马芳芳医生夫妇就是这些医护人员中的中国医者。

20世纪90年代，甘肃省中医院组织了一批专家和医生来到巴基斯坦探索推广中医药文化，为当地百姓解困造福。喇杰廉、马芳芳夫妇就这样来到巴基斯坦行医，是在巴推广中医药文化的先行者。一晃，祖籍甘肃的夫妇俩在巴基斯坦工作生活快30年了。

疫情前，喇杰廉的岐黄中医中心平均每天接待患者50人以上，非常繁忙。疫情暴发后，由于巴基斯坦综合性公立医院人满为患，一些患者选择去私立医疗机构就诊。于是，中医中心每天接待的患者数量成倍增加，可喇杰廉和马芳芳对每位患者依然认真负责、倾心关怀。疫情期间，有些病人行动不便，喇医生夫妇不顾感染风险，登门为病人诊治。中心还坚持组织医疗团队出义诊，前往孤儿院、偏远农村地区为当地百姓排忧解难。

巴基斯坦老人阿穆就住在中医中心楼上，是喇杰廉的房东和多年好友。阿穆工作忙得很，对疫情不够重视，也缺少自我防护设备。喇医生夫妇看在眼里，急在心里，多次叮嘱他做好防护措施，赠送给他口罩等防疫用品。后来，阿穆身体不适，接受核酸检测被确诊，因为手头工作太多，不便住院，选择在家接受输液和吸氧治疗。喇医生夫妇每天帮助监测阿穆的病情，结合当地医院的治疗方案，给出辅助的护理指导意见。在喇医生夫妇日复一日地关心照料下，阿穆终于康复，他和全家人对喇医生夫妇的医术和医者仁心十分感激："喇医生夫妇是我们全家最信赖的中国人！"

马芳芳告诉记者，2021年3月，巴基斯坦青年哈姆感冒发烧一周，自行服药后病情未见好转，经朋友推荐来到中医中心看病。马芳芳问诊后怀疑他感染新冠病毒，核酸检测的结果果然呈阳性。小伙子一下子慌了神，焦急地告诉马芳芳，他妻子已有身孕，而且还有相同症状。在马芳芳的建议下，他妻子在核酸检测后也被确诊。

中医中心目前具备官方认可的科学诊断新冠肺炎的资质和手段，但不完全具备收治病人的条件。从症状判断，这对夫妻属于轻症患者，根据伊斯兰堡当地政策，并不符合医院收治标准。马芳芳知道，这对巴基斯坦小两口远离偏僻的家乡，来到人生地不熟的大城市伊斯兰堡，工作辛苦，收入微薄，很不容易，如果隔离期间见不到家人，心中免不了害怕和担忧。她与丈夫紧急商量后决定，让这对年轻夫妇服用药品、居家隔离、密切观察，并每日接受线上指导治疗。

此后，马芳芳在每日接诊大量病患的同时，早中晚三次通过社交软件对这对夫妇问诊，依据体温、症状和饮食等情况，对他们进行具体的治疗指导，无微不至、从不松懈。新冠肺炎病情的初期阶段最难受、最煎熬，这对夫妻病症缠身、情绪低落，马芳芳总是不断亲切地鼓励他们。就这样坚持了一个多月的线上指导治疗后，夫妻二人痊愈，孩子也平安健康地出生了。

中巴两国开展医学交流的时间很早，早在20世纪70年代，巴政府就派遣医生赴华学习针灸等中医治疗方法，当时学成归来的巴籍医生时至今日仍在使用针灸为民众解除病痛。

喇杰廉说："中医药文化在世界各国受欢迎程度不断提高，也获得了巴政府和民众的广泛认可。"他回忆道，2016年12月，当时的甘肃省卫健委、甘肃省中医院联合组织中医药交流合作代表团来巴访问并与巴卫生部洽谈合作，其间，他的医疗中心与甘肃省中医院合作挂牌成立了如今的巴基斯坦岐黄中医中心。

中心目前有18名医务人员，除了喇杰廉和马芳芳，其余全部是巴籍医生和专业医护人员。巴籍医生在这里学习掌握了中医药知识和治疗方法，无论是对他们的职业生涯，还是对巴医学事业的兼收并蓄，都起到了积极作用。喇杰廉和马芳芳多年在巴行医的经验显示，西医诊断与中医药以及中医治疗方式相结合，对于巴基斯坦当地一些高发急性病、流行病有很好的疗效，为当地百姓解除了病痛，带来了福音，也为中医树立了良好口碑。

喇杰廉和马芳芳向记者表示，每当听到新冠肺炎患者说"症状减轻""病情今天有所好转"时，他们心里的石头才稍稍落下。当记者问担不担心自己被感染时，他们笑着说："其实，在接诊患者时，心里还是有些担心感染风险。但我们是医生，遇到任何病情都不能退缩，一定要对每一位巴基斯坦病患负责。"

光明日报记者　张任重（2021年9月6日）

魏强：中巴航天合作将更加广泛深入

巴基斯坦PAKSAT-1R卫星进行整星紧缩场测试。

中国和巴基斯坦的航天领域合作已跨越了三十多年。早在1990年，中国长征二号捆绑式火箭首次发射成功，将巴基斯坦研制的第一颗卫星（BADR-A）送入轨道。

2011年，中国和巴基斯坦建交六十周年，中国空间技术研究院（航天五院）研制的巴基斯坦通信卫星1R（PAKSAT-1R）由“长征三号乙”运载火箭在西昌卫星发射中心成功发射，为两国建交献上了一份来自航天人的厚礼。

十年过去，在2021年两国建交七十周年之际，中国经济网记者对中国空间技术研究院总师、“航天功勋奖”获得者魏强进行了专访。

回忆起当年参与研制PAKSAT-1R的经历，魏强感触良多：“这个项目时间紧、任务重，是对大家身体和心理的双重考验。但发射成功之后，中巴双方的人员都非常激动高兴，这是两国航天人共同为建交献上的礼物。”

PAKSAT-1R作为一颗地球静止轨道通信广播卫星，采用了我国自主研制的第三代同步轨道公用卫星平台——东方红四号公用卫星平台，覆盖欧洲、南亚、中东和东非等地区。这颗行星为巴基斯坦提供了宽带互联网、电信和广播等服务，目前已在轨十余年。

该项目难度大、要求严，对中巴双方来讲都是块硬骨头。时任巴基斯坦空间与外大气层研究委员会副主席的里亚兹教授（Dr. M. Riaz Suddle）是PAKSAT-1R项目巴方的总负责人。他对欧洲宇航企业的标准流程有着深入了解，并要求航天五院需严格对标欧洲ECSS标准或美军标，同时希望研制过程中从原理到工程的

巴方领导（右三）访问PAKSAT-1R项目现场。

各项工作都能让巴方人员参与和学习。

除了高标准和严要求，该项目的日程也十分紧张。为了能如期完成任务，中巴双方工作人员都长期保持高强度工作。对此，魏强回忆道："PAKSAT-1R的开发进度非常紧凑，技术难度很高。我们每天要工作近20个小时，以确保中巴建交60周年之际如期发射。不过我们中没有一人抱怨或退缩。"

从谈判开始，直至卫星和地面系统最终交付，中巴双方团队召开了200余次会议。每次会议，都是2～3个会场同时开会，中方设计师、巴方项目管理团队和监造团队，按照专业领域进行分组讨论、质询，形成会议纪要和待办事项草稿。会议常常从早晨九点一直开到晚上十点。在会议结束后，双方还会分别进行内部讨论，一直持续到凌晨。

尽管时间紧，难度大，项目初期进展艰难，中方团队仍积极配合，巴方团队也不曾松懈。对此，魏强表示："众所周知，中巴友谊深厚历史悠久，所以中国航天一直非常支持巴基斯坦的太空发展，并努力为巴基斯坦完成卫星项目。"

当时，高强度的工作也引发了巴方团队的担忧，"争吵"常常出现在中巴这对兄弟之间。在设备鉴定状态评审（EQSR）阶段，中巴团队就关于是否查看所有产品鉴定试验的原始报告产生了分歧。双方的会议讨论陷入僵局，争论持续了三天。

然而，在双方持续不断的"争吵"中，互信理解却慢慢地增长了起来。经过双方的反复沟通和诚恳解释，巴方逐渐对中方情况有了一定的了解，中方团队也在与巴方的"争辩"中逐渐理解了巴方专家的思维方式。最终，双方达成了一致。

魏强回忆道："当时，巴基斯坦方面还担心我们长时间加班工作会影响PAKSAT-1R的质量。但最终证明，他们的担心是不必要的。PAKSAT-1R已经在轨十年了，非常稳定。"

2021年5月15日7时18分，天问一号探测器成功着陆于火星乌托邦平原南部预选着陆区，我国首次火星探测任务着陆火星取得成功。

魏强（右一）和巴方监造团队

对此，魏强表示："在所有航天工作者的努力下，中国航天已经走在了世界前列。我们愿向巴方提供最好的产品和技术，为两国进一步开展航天合作奠定基础。'一带一路'建设离不开巴基斯坦的支持，所以支持我们铁哥们的太空建设也是在支持我们自己。"

在访谈的最后，魏强说："在未来的合作中，中巴航天人肯定会更加理解对方，两国航天领域合作也会更加顺利。同时，两国航天合作应该更广泛更深入，能够共同研制更多产品，为中巴两国的人民提供更好的服务。"

作者 施 予